애도하는 게 일입니다

애도하는 게 일입니다

지은이 김민석
펴낸이 임상진
펴낸곳 (주)넥서스

초판 1쇄 발행 2023년 1월 10일
초판 2쇄 발행 2023년 1월 15일

출판신고 1992년 4월 3일 제311-2002-2호
10880 경기도 파주시 지목로 5 (신촌동)
Tel (02)330-5500 Fax (02)330-5555

ISBN 979-11-6683-460-8 03330

www.nexusbook.com
지식의 숲은 (주)넥서스의 인문교양 브랜드입니다.

죽은 자와 남겨진 자의
슬픔을 위로하는 마음

애
도
하
는 게
일입니다

김
민
석 지음

지식의 **숲**

시작을 위한 변명

 나는 이 책을 쓰고 싶지 않았다.

 처음 출판 제의가 들어왔을 때, 계약서에 서명했을 때, 그리고 원고를 쓰는 매 순간 불안과 공포, 죄책감이 커졌다. 왜냐하면 이 책에 타인의 삶이 담겨 있기 때문이다. 심지어 이미 죽은 사람의 장례를 치르며 알게 된, 아주 단편적인 정보로 재구성된 삶이다. 사실관계만으로 최대한 합리적인 추론을 하려고 늘 노력하지만, 이런 방식으로 누군가의 삶을 완벽하게 복원하는 것은 불가능하다. 고인의 삶을 난도질하고 존엄을 빼앗았다는 비난을 들어도 반박할 말이 없다. 그럼에도 불구하고 글을 쓰기로 결심한 이유는 딱 하나. 더는 애도의 권리를 박탈당하는 사람이 없기를 바라서이다.

 나는 애도할 권리와 애도받을 권리가 모두에게 보장되는

사회를 만들기 위해 일하고 있다. 무연고사망자의 장례를 지원하는 일이다. 일을 하면서 애도의 권리가 박탈될 때 어떤 일들이 벌어지는지 보게 되었다. 제도와 시장이 요구하는 자격 요건에 부합되지 않는다는 이유로, 해마다 수천 명의 사람들이 아무런 애도 없이 보건 위생상의 이유로 처리되는 것을. 그리고 이렇게 처리된 죽음을 가슴에 묻고 살아가는 무연고사망자의 사별자가 매해 수천 명씩 생겨난다는 사실도 알게 되었다.

'나눔과나눔'에서 일하면서 방파제를 향해 달려오는 거대한 트라우마의 파도를 목격한다. 그 파도는 사망자 앞에 '무연고'라는 단서를 붙이며 죽은 이들을 집어삼킨다. 지금부터 대책을 세우지 않는다면 아마도 나를 비롯한 대부분의 사람들이 휩쓸리고 말 것이다.

서울시는 2020년에 665명, 2021년에 856명의 무연고사망자의 장례를 치렀다. 2022년에는 1,000명을 넘겼다. 나눔과나눔은 이 모든 장례를 지원하며 머지않은 미래에 파도가 들이닥칠 것을 예감했다. 파도는 조금씩, 하지만 꾸준하게 몸집을 키우고 있었다. 자연히 소멸될 잠깐의 파문 따위가 아니라는 듯이.

본격적인 이야기를 시작하기 전에 한 가지만 더 언급하고 싶다. 나는 속죄하는 마음으로 글 속에 안전장치를 달아 놓았다. 이 책에 등장하는 고인과 사별자의 경우 개인을 특정 지을 수 없도록 썼다. 모든 사람에겐 각각의 역사가 존재하지만, 삶의 특정 순간과 죽음의 순간에서 비슷한 양상이 나타나기도 한다. 고인 혹은 사별자가 겪은 일들을 과장하거나 곡해하지 않는 선에서 분해하고 재조립했다. 당사자가 보았을 때 '내 이야기인 것 같은데, 몇 가지가 달라 확신할 수 없다.'라는 생각이 들게끔 하는 것이 목표였다.

본문에 나오는 고인과 사별자뿐 아니라 동료의 이름도 별명으로 지칭했다. 모퉁이, 이플, 사이, DJ. 나눔과나눔에서는 동료의 이름을 별명으로 부른다. 그들을 그렇게 부르는 것은 수평적인 관계를 지향하고 있기 때문이다. 그 누구에게나 차별 없이 장례를 지원하는 나눔과나눔의 가치처럼. 동료들 덕분에 때로 균형을 잃어버린 내 글이 제 방향을 찾을 수 있었다. 늘 별명으로 부르던 박진옥, 임정, 이수연, 김진선에게 지면을 빌려 고맙다는 말을 전하고 싶다.

'애도'는 '의미 있는 상실'에 대한 당연한 반응이다. 애도

애도하는 게 일입니다

의 세계는 생각보다 다양하고 넓다. 아끼던 물건을 잃어버린 사람에게도, 정들었던 동네를 떠나는 사람에게도 애도의 시간은 필요할 수 있다.

그래서 어떤 사람의 애도는 과하거나 불필요해 보이기도 한다. 우리는 꽤 자주 '그게 이렇게까지 슬퍼할 일이야?'라며 타인, 혹은 스스로의 애도를 의심하곤 한다. 하지만 감정을 의심하는 순간 애도는 제한되고 박탈된다. 마땅히 지나가야 할 애도의 과정이 무너지는 순간, 일상이 함께 무너질수도 있다.

애도의 권리는 누구에게나 있다. 이 책이 그 사실을 충분히 설득시킬 수 있게 되길 바란다.

일러두기

· 띄어쓰기나 맞춤법의 경우 국립국어원의 〈표준국어대사전〉을 기준으로 삼았으나,
  자주 언급되는 복합명사는 붙이는 것으로 통일했다.
· 본문에 등장하는 인물의 이름은 개인 정보를 보호하기 위해 가명으로 표기했으며,
  일부 내용은 각색되었다.

1장

일상에
스며든
죽음

바로 여기에, 저곳에,
그리고 당신의 지척에서

승화원에서 장례를 마치고 사무실로 돌아가는 길목에는 여인숙이 하나 있다. 작은 2층짜리 건물 꼭대기에 위치한 허름한 여인숙은 주변의 풍경 속에 존재감 없이 녹아들어 있다. 까만 테이프로 가려져 있어 창밖으로는 새어 나오는 빛도, 소음도 없다. 만약 직접 가 본 적이 없다면 그곳에 누군가 살고 있으리란 생각조차 할 수 없을 것이다.

한참 일자리를 찾아 헤매던 이십 대 초반, 나는 그 여인숙에서 한 블록 떨어져 있는 중식당에서 일한 적이 있었다. 서빙과 온갖 잡무를 주로 했는데, 가끔 배달이 밀려 있을 때는 내가 직접 배달을 가기도 했다. 그 여인숙도 그런 이유로 종종 가던 곳이었다.

여인숙에서 주문하는 메뉴는 언제나 비슷했다. 군만두 한 접시와 소주 한 병, 혹은 짜장면 한 그릇. 중식당에서 짧지 않게 일했지만 그곳에서 요리 메뉴를 주문받은 기억은 없다. 사람들이 흔히 주문하는 탕수육 세트조차 배달해 본 적이 없다. 방문객이 없는 곳, 그래서 늘 혼자 식사하고 술을 마시는 곳. 그 여인숙은 내게 그렇게 각인되었다.

몇 해가 지나 중식당을 그만두고 다른 일을 시작하면서 자연스레 여인숙도 기억에서 멀어졌다. 아니, 그렇게 멀어질 줄 알았다.

그런데 어느 날 여인숙은 예기치 못하게 내 삶에 불쑥 들어왔다. 나눔과나눔에서 일을 시작한 지 이틀째 되던 날이었다. 처음으로 받아 본 무연고사망자 장례의뢰 공문에 적힌 고인(故人)의 주소지. 그곳이 바로 그 여인숙이었다.

'여인숙을 주소지로 둘 수도 있나?'

이런 의문과 함께 불현듯 그곳을 둘러싼 기억들이 머릿속을 스쳤다. 나는 익숙한 주소를 보자 당혹감에 한참 멍하니 생각에 잠겼다. "서울 되게 좁아."라고 하던 친구의 말이 떠올랐다.

'아…… 정말 좁구나, 서울.'

고인의 장례식이 진행되는 동안 맡았던 향냄새가 아직도 생각난다. 향냄새를 맡고 있으면 절로 과거의 한 장면이 소환되곤 하는데, 그날 불러온 기억은 여인숙에 음식 배달을 가던 순간들이었다.

철가방을 들고 가게를 나와 오른쪽으로 꺾어 들어가던 골목의 깨진 아스팔트 도로, 인근의 초등학교에서 들려오는 시끌벅적한 아이들의 웃음소리, 사람 한 명이 간신히 걸어 올라갈 수 있는 비좁고 가파른 계단. 그리고 마침내 여인숙 문을 두드리던 순간들.

쓸데없이 상세한 그 기억 속에 존재하지 않는 것은 사람의 얼굴과 목소리다. 낡아서 삐걱대던 선풍기 소리와 눅눅한 복도, 텔레비전 소리도 들리지 않던 적막까지도 전부 기억이 나는데, 정작 음식을 받아 들던 사람은 떠오르지 않았다. 그제서야 나는 여인숙 투숙객과 눈이 마주친 적이 없다는 사실을 깨달았다. 기억을 더듬어 보니 시선을 피한 건 여인숙의 투숙객들이었다. 그들은 고개를 푹 숙인 채 꾸깃꾸깃한 지폐를 건네고는 음식을 받자마자 아무런 말도 없이 문을 닫았다.

'귀에 들리는 소리라고는 외부 소음이 전부인 동네, 고립되어 있는 그 작은 섬에서 고인은 얼마나 살았을까? 여인숙

의 달방*에 몇 년을 머무르는 사람도 있으니, 어쩌면 내가 만났던 사람 중 한 명일 수도 있지 않을까?'

유골을 뿌리고 이름이 적힌 지방(紙榜)을 태우기까지 온갖 기억과 질문들이 떠올랐고, 그러는 동안 어느새 장례는 끝이 나고 있었다. 지방은 붉은 꽃에 물들어 가더니 점점 회색빛으로 짙어지다 조용히 제단 위에 몸을 눕혔다. 너무도 조용한 이별이었다.

그 이별을 시작으로 내 삶에서 일상적인 공간과 죽음의 공간이 경계 없이 뒤섞이기 시작했다. 성북구에 위치한 마트 앞의 어느 골목은 내가 애인과 함께 장을 보고 산책을 하던 공간이면서 동시에 한 고인이 고립사한 주택이 있는 곳이다. 사무실 근처 아파트 앞의 상가도, 쪽방 입구에 위치한 고시원도, 도심 속 공원과 지하철 역사, 동네 뒷산 등산로, 매일 오가는 거리까지. 생각 없이 지나치는 일상적인 공간에서 죽음이 보이기 시작했다.

무연의 죽음은 생각보다 훨씬 가까이 존재해 있었다. 그리고 내가 그것을 인지하는 순간 그 죽음들은 자연스럽게 일상에 스며들었다. 내가 만난 고인들이 손을 들어 일상의 풍경

---

* 달마다 돈을 먼저 내고 투숙하는 방.

을 가리키기 시작했다. 바로 여기에, 저곳에, 그리고 당신의 지척에서 내가 살다 죽었다고.

무연고사망자는 누구일까?

    '무연고사망자'는 대체 어떤 사람일까? 세상에 어떤 사람이 아무런 연고 없이 죽을 수 있을까? 부모 없이 태어나는 사람도 있나? 가족은 그렇다 쳐도, 친구나 지인 없이 평생을 살 수도 있나?

    사람들은 무연고사망자라는 단어에 막연한 안타까움을 느끼면서도 그것이 정확히 어떤 뜻을 가졌는지는 잘 모른다.

    "고독사와 비슷한 것 아닌가요?"

    무연고사망자의 장례를 대신 치르는 일을 하며 가장 많이 들었던 말이다. 대부분의 기자들이, 심지어는 논문을 쓰기 위해 나눔과나눔 사무실로 찾아온 학자들조차 무연고사망자에

애도하는 게 일입니다

대한 정확한 정의를 모르는 일이 비일비재하다.

그렇다면 어떤 경우를 무연고사망자로 보는 걸까? '장사 등에 관한 법률'과 보건복지부의 〈장사 업무 안내〉에 따르면 크게 세 가지 경우가 존재한다.

1. 연고자가 없는 경우
2. 연고자를 알 수 없는 경우
3. 연고자가 있으나 시신 인수를 거부 또는 기피하는 경우

'연고자가 없는 경우'나 '연고자를 알 수 없는 경우'는 '장사 등에 관한 법률'에 나와 있으며, '연고자가 있으나 시신 인수를 거부 또는 기피하는 경우'는 보건복지부의 〈장사 업무 안내〉에 명시되어 있다. 그런데 이 세 가지를 한 번에 이해하기란 쉽지 않을 것이다. 따라서 사례를 통해 한번 살펴보도록 하자.

첫 번째, '연고자가 없는 경우'는 말 그대로 '장례를 치를 수 있는 연고자가 아무도 없는 경우'를 뜻한다. 고인은 가정을 꾸리지 못한 고아일 수도 있고, 북한이탈주민일 수도 있다. 혹은 너무 오래 살았을 수도 있다. 여기서 너무 오래 살았다는 말은, 다시 말해 그 어떤 가족보다 오래 살아서 고인의

장례를 치러 줄 가족이 아무도 없다는 것이다. 이를테면 백세가 넘어 돌아가신 분의 제적등본에 손자와 손녀까지 모두 사망했다고 기록되어 있는 경우, 이분은 무연고사망자에 해당되는 것이다.

두 번째, '연고자를 알 수 없는 경우'는 '고인의 신원을 파악할 수 없는 경우'를 말한다. 백골 상태 혹은 사망한 뒤 너무 늦게 발견되어 시신의 부패 상태가 심하면, 신원 확인이 어렵기에 그 가족 역시 찾을 길이 없다.

세 번째, '연고자가 있으나 시신 인수를 거부 또는 기피하는 경우'는 말 그대로 이해하면 된다. 고인의 장례를 치를 권리와 의무를 가진 연고자가 있음에도, 가족 관계 단절이나 경제적인 어려움 등의 이유로 연고자가 시신처리위임서를 작성해 명시적인 '거부'를 하는 경우이다. 또한 장례 의사 여부를 묻는 공문을 보내고 14일이 지날 때까지 연고자가 답을 하지 않는 경우, 행정주체는 '기피'로 이해하고 시신처리위임서를 받은 것과 동일하게 행정 처리를 할 수 있다.

안타깝게도, 이렇게 연고자가 시신 인수를 거부 또는 기피하는 경우는 전체 무연고사망자 통계의 70퍼센트 이상을 차지한다. 어찌 보면 당연한 일이다. 세상에 가족 없는 사람은 없으니까. 자신을 제외한 모두가 죽었거나, 가족이 누구인지 알 수 없는 경우는 있어도 하늘에서 뚝 떨어진 것처럼 세상에 혼자 존재하는 사람은 없다.

여기서 짚고 넘어가야 할 것이 있다. 그렇다면 앞서 언급된 '연고자'는 누구를 가리키는 걸까? 이 일을 시작할 때까지만 해도 나는 연고자의 범위를 사촌까지로 생각했다. 사랑하는 사촌 조카를 위해서라면 내 목숨도 내어 줄 수 있기에, 당연히 사촌은 내 연고자의 범위 안에 들어와 있었다.

그런데 법률이 정하는 연고자의 범위는 훨씬 협소하다.

가. 배우자

나. 직계비속

다. 직계존속

라. 자녀를 제외한 직계비속

마. 부모를 제외한 직계존속

바. 형제자매

'장사 등에 관한 법률'에 따르면 조카와 나는 가족이 아니다. 다시 말해 조카는 나의 장례를 치를 수 없는 것이다. 이렇게 나처럼 연고자의 범위를 잘못 알고 있는 사람들은 생각보다 많다. 삼촌이나 이모, 혹은 조카의 장례를 치르려고 할 때 경찰과 장례식장, 지자체에서 "당신은 그럴 권한이 없다."라고 하면서 막았다는 이야기를 심심치 않게 듣고는 하니까 말이다.

이쯤 되자 '장례 치르기 너무 힘든데?'라는 생각이 들었다. 그리고 그 생각은 '과연 나는 무연고사망자가 안 될 수 있을까?' 하는 데까지 이르렀다. 나는 현실적으로 생각해야만 했다. 내 계획은 이렇다. 결혼은 하고 싶지만 자녀를 낳아 양육할 생각은 없다. 삶이 계획대로 흘러가 자녀 없이 혼인관계를 유지한다면 나에게 남은 법률상 가족은 배우자와 동생뿐이다. 만약 그 둘보다 빨리 죽는다고 해도 그들이 내 장례를 치를 수 있을지는 확신하기 어려웠다.

그래서 나는 미래의 내 장례를 위해 필요한 것들이 무엇인지 생각해 보기 위해 경우의 수를 따져 봤다.

첫째, 부모님보다 먼저 사망할 경우, 부모님은 나의 장례를 치를 여력이 충분할뿐더러 형제자매도 많기에 모든 절차와 비용을 두 분이서만 책임질 필요가 없다.

둘째, 법률혼 관계의 배우자를 두고 사망할 경우, 만약 평균 수명까지 생존한다면 법률혼 관계의 배우자가 있어야 하고, 배우자보다 빨리 사망해야 한다.

셋째, 자녀를 두고 사망할 경우, 배우자가 먼저 사망하더라도 자녀가 남아 있다면 무연고사망자가 되지 않을 수 있다.

넷째, 배우자 또는 자녀가 없거나 모두 사망할 경우, 나는 동생보다 먼저 사망해야 한다.

만약 위 조건들이 충족된다면, 나는 사망 전에 평균 장례 비용에 준하는 돈(2018년 기준 1,380만 원)만 마련해 두면 된다. 단, 사망진단서를 발급받으려면 병원비를 모두 납부해야 하는데, 이때 병원비 정산에 무리가 없도록 최대한 빨리 사망하거나 보험 적용이 되어야 할 것이다. 물론 이 모든 것은 나의 장례를 치러 줄 만큼 연고자들과 우호적인 관계가 유지되어야 하는 것이 전제된다. 내가 사망할 때까지.

내가 어머니, 아버지보다 오래 살 확률이 높을 것이니, 지금 시점에서만 보면 내 장례를 치를 권리와 의무를 가진 사람은 동생 한 명뿐이다. 앞으로 결혼을 할 수 있을지도 불투명하고, 결혼을 해도 자녀를 양육할 마음이 없기에 배우자나 동생보다 먼저 사망하지 않는 한 나는 무연고사망자가 된다. 그리고 지금이야 동생과의 관계가 나쁘지 않지만 만약 미래에 어떠한 이유로 우리가 멀어진다면, 나에게 남은 '장사 등에 관한 법률'상 가족은 아무도 없게 된다.

그러나 설령 모든 조건이 맞아떨어져도 돈이 없으면 아무것도 할 수 없다.

'아, 지금 내 예금 계좌에 얼마가 있더라?'

정리를 다 하고 보니 머리가 어지러웠다.

무연고사망자의 장례를 치르면서 알게 된 것이 있다. 이 땅에서 잘 살았는지, 못 살았는지의 여부가 삶의 마지막을 결정짓지 않는다는 점이다.

비혼 인구와 자녀를 갖지 않는 딩크족이 점점 늘어나고 있는 추세다. 따라서 제도가 변화되지 않는다면, 즉 장례에 공공성이 담보되지 않는다면 무연고사망자는 지금까지 그래왔던 것처럼 계속해서 증가할 것이다. 지금의 청년들이 노인이 된다면 사회는 전례 없는 무연고사망자의 숫자를 보게 될수도 있다.

무연고사망자가 되는 일은 너무 쉽다. 그리고 앞으로는 더욱더 쉬워질 것이다. 지금의 제도와 사회적 편견은 사망자가 어떤 삶을 살았는지와 상관없이 그들의 이름 앞에 '무연고'라는 단서를 붙이는 것을 주저하지 않는다.

무연고사망자는 낡은 '가족주의'와 공공성이 전혀 담보되지 않는 '장례'라는 영역의 교집합이 만들어 낸 시대의 피해자이다. 고인에게 어떤 인연이 있었는지도 모른 채 죽음 이후에 장례를 치를 가족이 없다는 이유로 "당신은 아무런 연고가 없었다."라고 무심히 낙인을 찍는다. 이것이 우리 사회의 제도라고 하면서. 그 낙인으로 인해 사람들은 오랫동안 무연고 사망자를 애도할 가치가 없다고 여겼다. 하지만 이는 잘못된 인식이다. 무연고사망자는 애도를 받아야 한다. 그리고 이 사실을 말하는 것, 그게 나눔과나눔이 하는 일이다.

부고를 알리러 왔습니다

　　지열에 아지랑이가 일렁이는 8월의 어느 날, 나는 퇴근도 하지 않고 버스를 타기 위해 빠르게 발걸음을 옮겼다. 장례의뢰 공문에 적힌 무연고사망자가 살던 곳에 가기 위해서였다.

　　고인의 주소지는 서울숲 인근에 위치한 여관이었다. 그리고 사망지도 그 여관이었다. 고인은 살아생전 거주하던 여관에서 고립사했다. 닷새가량 인기척이 없는 것을 이상하게 여긴 여관 주인이 방문을 열어 시신을 발견했다고 한다. 덥고 습한 여관방의 환경 때문에 시신은 이미 부패가 꽤 진행되고 있었던 것 같다. 그래서인지 사체검안서에는 사인이 '기타 및 불상'으로 적혀 있었다. 죽은 이유를 정확하게 알 수 없다는 것이다.

처음 사체검안서를 마주했을 때가 떠오른다. 나는 '기타 및 불상'이라는 말이 무슨 뜻인지 몰라 갸웃거리고 있었다. 그때 함께 일하는 모퉁이가 말해 주었다.

"사인을 알 수 없다는 뜻이에요. 아예 알 수 없는 경우도 있고 추정은 가능하지만 특정 지을 수 없는 경우도 그렇게 적어요."

'원인을 모른다고? 그런데도 장례를 치를 수 있구나.'

이 일을 시작한 후로 이렇듯 내 상식 밖의 일들을 자주 접하게 된다.

덥고 습한 날씨와 답답한 마스크 탓에 등줄기는 이미 땀으로 흠뻑 젖어 있었다. 목적지까지 가려면 앞으로 버스를 두 번 더 갈아탄 다음 십여 분 거리를 걸어야 했는데, 하필이면 양산을 사무실에 두고 와서 햇빛을 피할 길이 없었다. 아쉬운 대로 가로수 그늘에 최대한 몸을 숨겨도 봤지만 그다지 소용은 없었다.

나는 버스에 올라 좌석에 앉자마자 가방에서 공문을 꺼내 들었다. 경찰 의견을 다시 보기 위해서였다. 사실 내가 퇴근까지 미뤄 가며 그 여관에 가는 이유는 고인의 시신을 최초로 발견한 여관 주인 때문이다. 처음에는 최초 발견자였던 여관 주인의 마음 상태가 걱정됐다. 부패가 시작된 시신을 마주하는 것은 꽤 끔찍한 트라우마로 남을 수도 있는 일이니까. 본인이 알고 지내던 사람이라면 더욱더 충격이 클 수도 있겠다는 생각이 들었다. 여관방으로 전입신고를 할 정도면 여관 주인과 아무런 면식도 없는 사이는 아닌 게 분명했다.

담당 경관은 여관 주인이 고인의 죽음에 많이 안타까워했다면서 이렇게 덧붙였다.

"되게 좋은 분이에요. 일정을 알려 주면 장례에 참여하실 것 같아요."

장례식에 참여자가 있다는 것은 환영할 일이지만, 문제는 여관 주인의 연락처를 알지 못하는 것이었다. 뒤늦게 경관에게 다시 연락을 시도했지만 바빴는지 그 후로 통화가 되지 않았다. 결국 남은 방법은 하나였다. 직접 가는 수밖에. 그렇게 해서 여관으로 가게 된 것이다.

버스에서 서류를 보며 꼬리에 꼬리를 무는 생각을 좇다 보니 금방 고인이 살던 동네 초입에 도착해 있었다. 서울숲 공원에 인접한 먹자골목이었다. 동네에는 낡은 상가 건물들과 건물 외벽을 가릴 만큼 커다랗고 반짝이는 간판들이 가득했다. 학원과 식당이 한데 있는 흔한 먹자골목이었지만, 여기가 고인이 살았던 동네구나 싶어 괜히 생각이 많아졌다.

'여관에서 얼마 떨어지지 않은 저 분식집에서 종종 식사를 해결하지 않았을까? 여관은 취사가 불가능하니까 대부분의 끼니를 밖에서 해결했겠지. 고인은 저 편의점을 자주 갔을까, 아니면 한 블록 떨어진 곳에 있는 마트를 자주 갔을까?'

이런저런 생각을 하다 보니 마침내 목적지 앞이었다. 1층 호프집, 2층 여관이 전부인 건물. 건물 입구에서 올려다본 계단은 좁고 꽤 가팔랐다. 나는 짐짓 마음의 준비를 하듯 옆으로 메고 있던 크로스백을 앞으로 돌렸다. 그리고 건물 안으로 들어가 한 계단 한 계단 올라갔다. 바깥보다 습하고 눅눅한 공기가 피부에 와 닿았다.

계단 끝에 다다르자 정면 바로 오른쪽에 여관 카운터가 위치해 있었다. 그러나 자리에는 아무도 없었다. 고개를 돌리자 복도에 빼곡하게 줄지어 있는 문들이 보였다. 아무 인기척도 들리지 않았다. 고요했다. 문 너머에 누군가 살고 있다는 생각이 들지 않을 정도로.

몇 년 전 중식당에서 일하며 종종 걸어서 배달 갔던 여인숙이 떠올랐다.

'그곳도 복도에 고요한 적막만이 가득했는데…….'

바깥에서 어렴풋이 사람들의 목소리가 들렸다.

"사장님 계신가요?"

나는 조심스레 사장님을 불렀다. 그러나 대답은 없었다. 혹시 연락처가 있나 싶어 카운터 주변을 훑어보다 투박한 글씨가 적힌 메모를 찾았다.

'자리 비움. 010-××××-××××'

메모에 적힌 번호로 전화를 걸어 보았지만 신호음만 울렸다. 갑자기 '이곳이 진짜로 운영되는 곳이긴 한 건가?' 하는 의문이 들었다.

'아무리 여관방이라도 텔레비전 소리는 들려야 하는 거 아닌가? 왜 이렇게까지 인기척이 없지?'

여관에 오면 주인을 바로 만날 줄 알았는데 아무도 없어서 당혹스러웠다. 개인 시간까지 반납하며 온 것인데 이렇게 소득 없이 돌아가고 싶진 않았다. 저녁 시간이니 누군가 지나가겠지 싶어 조금 더 기다려 보기로 했다.

카운터 앞에 우두커니 서서 십여 분을 기다리자 왼쪽 복도에 있는 문 하나가 열리며 누군가 걸어 나왔다. 수건으로 머리를 털며 나온, 나이가 지긋해 보이는 여성은 여관의 주인이었다. 주인은 머리를 감던 중이라 전화를 못 받았다며 미안하다고 했다. 나는 그의 말에 괜찮다고 가볍게 인사를 하며 대화를 이어 나갔다.

"저는 서울시 공영장례지원 상담센터의 김민석 팀장입니

다. 이곳에서 돌아가신 고인의 부고를 전하러 왔어요."

"그분이 돌아가신 지 벌써 한 달이나 됐는데, 아직도 화장이 안 된 건가요? 아이고…… 불쌍해라……."

내 명함을 건네받은 여관 주인은 안타깝다는 표정을 지어 보였다.

"가족을 찾아보고 그 후 무연고사망자로 확정 짓는 행정 절차가 있다 보니 시간이 좀 걸렸네요. 혹시 고인은 여기서 오래 사셨던 건가요?"

"여기서 꽤 오래 살았죠. 저와 친했어요. 노름이랑 게임에 빠져 사는 분이라 종종 5만 원씩 빌려 가고 그랬어요. 다른 사람 같았으면 안 줬을 텐데, 그 사람이 참 착해서 마음이 쓰이더라고요. 한 번도 떼먹은 적도 없고 해서 종종 돈을 빌려 줬어요."

여관 주인은 사람이 좋아 보였다. 내가 물어보지도 않은 고인과의 일화까지도 이야기해 주었는데, 거기에는 고인에 대한 걱정과 애도가 담겨 있었다.

"돌아가시고 나서 매일같이 교회에서 사람들이랑 기도했어요. 좋은 곳으로 가시라고요. 49재는 못해도 기도는 해야 할 것 같았어요. 고향에 친척들이랑 제사 지내러 간다고 종종 방을 비웠는데, 가족들과 연락이 안 닿았나요?"

"안타깝지만 친척까지 부고가 가지는 못해요. 혹시 연락처가 있으면 알렸을 텐데 구청에서 받은 공문에는 친척에 대한 내용이 없네요."

내 말에 주인은 연신 "불쌍해서 어쩌나." 하고 되뇌더니 잠시 후 내게 당황스러운 제안을 해 왔다.

"방을 한번 보고 가세요."

아무렇지 않게 툭 던진 여관 주인의 제안. 내키지는 않지만 나는 차마 거절할 수 없었다. 복잡한 마음으로 주인을 따라 복도를 걸었다. 복도는 딱 방문에 적힌 호수를 읽을 수 있을 만큼만 밝았다. 카운터에서 고인이 살던 방문 앞에 이르기까지, 그 짧은 시간 동안 내 머릿속에는 온갖 생각과 두려움이 피어올랐다.

'고립사 현장을 직접 보는 게 옳은 일일까?'

내가 이 일을 하며 소진되지 않을 수 있는 가장 큰 요인 중 하나는 고인의 모습을 직접 보지 않아도 된다는 것이었다. 평균적으로 한 달 정도의 안치 기간이 있는데, 그 시간 동안 고인의 시신이 온전할 리가 없다. 만약 그 험한 모습을 매 순간 보아야 했다면 지금보다 훨씬 힘겹게 일했을 것이다.

고립사 현장도 마찬가지다. 제때 수습되지 못한 시신이 머문 자리가 아무렇지 않을 리 없었다. 나는 단단히 마음의

애도하는 게 일입니다

준비를 하며 고인의 방문 앞에 섰다.

"혹시 모르니까 경찰들이 방을 건드리지 말고 그대로 두라고 했어요. 처음 어르신을 발견했을 때 모습 그대로예요."

여관 주인이 키를 꽂고 방문을 열었다. 그러자 습한 기운이 훅 느껴졌다. 볕이 들지 않는 복도는 한여름의 더위가 무색하게 서늘한 냉기가 은은하게 어려 있었는데, 방 안은 그와 대조되는 열기를 머금고 있었다.

조심스레 방 안을 들여다보자 고인의 생활 흔적들이 눈에 들어왔다. 현장을 자세히 묘사하지는 않겠다. 누군가 홀로 죽은 작은 여관방이 쾌적할 리 없으니까. 하지만 내 머릿속을 떠다니던 걱정이 무색하게도 고인의 방은 끔찍하고 처참한 공간이 아니었다. 은은하게 배어 있는 시취만 아니었다면 어느 곳에서나 볼 수 있는 달방의 모습이었다. 고인의 방은 너무 지저분하지도, 너무 깔끔하지도 않은 딱 보통의 방이었다.

"방에 에어컨이 없어서 더위 때문에 힘들었을 거예요. 저기 바닥에 깔려 있는 수건 위에 누워 계신 걸 제가 발견했어요. 여름이라 침대가 눅눅하고 더웠는지 바닥에서 주무셨더라고요……."

침대와 벽 사이의 좁은 공간에 놓여 있는 수건을 가리키며 여관 주인은 말을 이었다.

"더 좋은 곳에서 사셨다면 이렇게 갑자기 돌아가시지 않았을 것 같다는 생각이 계속 들어요. 몸도 좋지 않은 분이 더위 때문에 너무 힘드셨을 것 같아서……."

자책하는 여관 주인에게 무슨 말을 해야 위로가 될까. 방이 좁지만 아늑하다고, 이렇게 걱정해 주는 사람이 있어 아주 외롭지는 않을 것 같다고 말을 건네었지만, 그게 그의 마음에 가닿았을 것 같지는 않았다.

나는 주인과 나란히 서서 방에 시선을 둔 채 조심스레 장례 일정을 이야기했다.

"고인의 장례는 내일 예정되어 있어요. 너무 늦게 알려 드려서 죄송해요. 서울시립승화원에서 오전 열 시에 시작될 거예요."

내 말에 여관 주인은 잠시 생각하더니 여관을 비울 수 없어 참여는 어려울 것 같다고 했다. 그러곤 이렇게 말했다.

"대신 내일 오전에 사람들과 어르신을 위해서 기도할게요. 많이 늦었지만 이제라도 화장을 한다니 다행이네요. 고맙습니다."

고인의 방을 이제야 치울 수 있겠다며 희미하게 웃는 여관 주인에게 부고가 담긴 봉투를 건네고 돌아섰다. 경찰의 말대로 여관 주인은 좋은 사람이었다. 처음엔 인기척이 느껴지

　　　　　　　　애도하는 게 일입니다

지 않았던 어둡고 서늘하던 복도가 다르게 다가왔다. 낡은 이 공간에 주인의 마음이 밴 듯 온기가 느껴졌다.

여관을 빠져나오니 하늘은 어느새 어둑해져 있었다. 집으로 돌아가며 바라본 먹자골목은 적당한 활기로 채워져 있었다. '무연고사망자', '고립사'라는 말이 입가에 맴돌았다. 장례를 치를 가족이 없다는 이유로, 혹은 방 안에서 홀로 임종을 맞이했다는 이유로 고인에게 붙여지는 그 이름들을 되뇌었다.

고인은 외로웠을까? 아마 자주 그랬을 것 같다. 그렇다면 고인의 곁에는 아무도 없었을까? 그 순간 처음 고인을 발견한 날부터 오늘까지 매일 기도한다던 여관 주인이 떠올랐다.

"49재는 못해도 기도는 해야 할 것 같았어요."

그 말속에 담겨 있는 마음이 다시금 전해져 왔다.

아마 오늘 이곳에 오지 않았다면 나는 그 마음을 모른 채 안타까움만 가지고 고인을 배웅했을 것이다. 구청과 시신처리위임서를 통해 알게 된 연락처로만 부고를 알렸다면, 서류에는 보이지 않는 고인의 인연들을 놓쳤을 것이다. 외롭고 쓸쓸하게 여관방에서 홀로 숨을 거둔 사람으로 기억되었을지도 모를 고인의 동네를 떠나 집으로 가면서, 나는 내내 생각에 잠겼다.

장례의뢰 공문으로는 고인에 대해 아무것도 알 수 없다.

제적등본, 가족관계증명서, 혼인관계증명서에는 나타나지 않는 관계가 얼마나 많은지, 그렇게 외로운 사람으로 기록된 사람들이 얼마나 많은지. 이번 경우처럼 내가 매번 고인이 살던 곳에 올 수는 없을 것이다. 최대한 노력은 하겠지만, 고인의 인연들에게 모두 부고를 전할 수도 없을 것이다. 나는 앞으로 얼마나 많은 이들을 놓치고, 얼마나 많은 이들을 오해하게 될까? 우리는 앞으로 얼마나 많은 이들의 삶을 외로웠다 단정 짓게 될까?

죽음이 반복되는 곳

　모 언론사와 함께 무연고사망자에 대한 심층 보도를 준비하고 있을 때였다. 언론사는 무연고사망자들의 거주지를 상세 주소까지 모두 입력하여 지도상의 분포표를 만들고 싶어 했다. 구청으로부터 받은 공문을 자체 제작한 전산에 입력하고 거주지 유형의 통계를 내는 것은 내가 늘 하던 업무이긴 하다. 하지만 상세 주소까지는 그리 중요하게 여기지 않았던 정보였다. 동이나 구청 단위의 통계를 파악하는 것만으로 충분하다고 생각했기 때문이다. 더군다나 전산화 작업을 한 자료가 아니기에, 지금으로서는 장례의뢰 공문들을 다시 펼쳐 보며 일일이 고인의 주소를 입력해야 하는 상황이었다.

"그렇게까지 세밀하게 파악할 필요가 있을까요?"

불필요하게 품이 많이 들어가는 작업 같아 슬쩍 떠보듯 물어봤는데, 기자는 완고하게 대답했다.

"취재를 진행하는 데 아주 중요한 기초 자료가 될 겁니다."

꼭 필요하다고 하니 어쩔 수 없었다. 2020년부터 2021년 상반기까지 장례를 치른 고인의 상세 주소를 모두 데이터베이스에 입력하기 시작했다.

시간을 쏟아야 하는 이 단순 작업에는 언론사가 채용한 단기 파트타이머가 투입되었다. 하지만 기자가 사무실에 상주할 수 없었기에 작업의 리드는 내 몫이었다.

공문상의 주소지는 실재하지 않는 경우가 많으므로 검증 작업이 필수였다. 포털 사이트 검색창에 주소지를 입력하고 실제로 존재하는 장소인지 거리뷰로 확인하고 나서야 데이터 입력을 할 수 있었다. 때문에 작업 속도는 생각보다 더뎠다. 천 명이 넘는 무연고사망자의 주소지를 입력하는 일에 하루 이틀이면 충분하다고 예상한 것은 나의 큰 오산이었다. 작업은 며칠간 계속 이어졌고, 막바지에는 내 업무도 잠시 미뤄둔 채 그 일을 도와야 했다.

밤늦도록 책상에 앉아 공문에 적힌 무연고사망자의 주소지를 몇 시간이고 들여다보자 전에는 알 수 없던 정보들이 드

애도하는 게 일입니다

러났다. 고인의 상세 주소를 입력하는데 이미 이전에 작성된 적 있는 텍스트라며 자동완성 기능으로 주소가 채워지는 것이다. 쪽방이 밀집되어 있거나 노인 인구가 많은 지역 등 보다 거시적인 범위에 집중했을 때는 볼 수 없는 현상이었다. 입력을 마치고 거듭 반복되어 등장하는 특정 주소지를 확인해 보니, 1년 동안 총 네 명의 고인이 그곳에서 살다가 그곳에서 죽었다.

그곳은 여관이었다.

거리뷰로 보는 여관의 모습은 한낮에도 볕이 들지 않는 어두운 곳에 위치해 있었다. 더불어 낡은 외관은 여행객이 아닌 장기 투숙객을 위한 달방이라는 것을 확신하게 만들었다.

좁은 복도를 사이에 두고 다닥다닥 붙어 있는 방 안의 사람들은 옆방 혹은 앞방의 누군가가 죽고 사라지는 경험을 했을 것이다. 고립사는 경찰 수사가 수반되기에 같은 투숙객끼리 서로의 죽음을 모르기란 쉽지 않을 테니까. 그들은 반복되는 죽음을 지켜보며 어쩌면 자신의 마지막 순간도 그러하리라 예상했을지도 모른다.

같은 곳을 주소지로 둔 고인들을 만나고 있었다는 뜻밖의 사실에, 나는 한참 동안 모니터를 빤히 쳐다보았다. 그리고 문득 이런 생각이 들었다.

'만약 장례를 치르기 전에 이 사실을 알고 여관에 부고를 알렸다면 어땠을까?'

시간이 꽤 흐른 뒤 의도치 않게 그 여관 근처를 지나간 적이 있었다. 약속에 늦어 서둘러 걷고 있는데 문득 묘한 기시감이 들었다. 일전에 거리뷰로 여관과 그 주변을 찾아봤기 때문이었을까. 여관이 어디에 있는지 바로 알아챌 수 있었다.

나도 모르게 걸음이 빨라졌다. 거리뷰에서 본 대로 길을 가다 보니 상가와 상가 사이에 있는 좁은 골목길이 보였다. 골목길로 쑥 들어가자 그 길 끝에 여관이 있었다. 프랜차이즈 카페와 식당이 즐비한 번화가의 한쪽 구석에 자리한 여관. 그 앞으로 많은 사람이 지나다니고 있었다. 나는 그 사람들 틈에 우두커니 서 있었다. 인터넷 기사에서 아주 먼 나라의 이야기처럼 보이던 죽음들이 이렇게 가까이에 있을 줄은 몰랐다. 그것도 수많은 사람들 가까이에 매우 평범한 모습으로.

아주 중요한 기초 자료가 될 거라던 기자의 말이 옳았다. 모든 데이터를 입력하자 지역과 동네로 뭉뚱그려지던 고인의 삶이 선명하게 드러났다. 그리고 그 순간 그들이 얼마나 우리와 가까이 살았는지 비로소 보이기 시작했다.

허락된 공간

어린이 병원에서 누군가 숨을 거두었다면, 그 대상은 보통 아이들이다. 정말 안타까운 일이지만, 사실만 놓고 봐서는 '어린이 병원이니까.'라는 이유로 상식의 범위에서 이해할 수 있다. 반면 어린이 병원에서 아이가 아닌 중년의 누군가가 임종을 맞이했다면, 솔직히 이 일을 한 번에 이해하기는 쉽지 않을 것이다.

이름: 황현주

사망지: 어린이 병원

행려번호: 7XXXXX-XXXXXXX

이번에 접수된 장례의뢰 공문을 살펴보니 고인은 행려환자(行旅患者)*이고, 출생신고가 되어 있지 않아 연고자 조회가 불가능한 상태였다. 여기까지는 그간 어린이 병원에서 사망한 사람들과 별다르지 않았다. 그런데 이번 공문에는 다른 공문과 결정적인 차이점이 하나 있었다. 바로 쉰에 가까운 고인의 나이.

'고인은 대체 어떤 삶을 살아왔을까? 부고를 알릴 사람은 없을까?'

공문에는 나이를 제외하고는 아무런 정보도 없었다. 장례에 필요한 정보가 없을 때면 이런 생각을 더 많이 했다. 고인이 살아생전에 어린이 병원을 떠난 적이 없으니, 등록기준지나 주소지를 통해 알 수 있는 삶의 궤적은 없다. 시신처리위임서나 경찰조사서도 없기에 부고를 알릴 사람도 없고, 생전에 맺은 인연도 알 수 없기에 영정을 만들 수도 없다. 고인이 어떤 사람이었는지 아무것도 담아내지 못하는 공문. 그야말로 차가운 공문이었다.

행려환자였던 고인의 장례가 치러지던 날, 나는 운구를

---

* 떠돌아다니다가 병이 들었으나 치료나 간호를 해줄 이가 없는 사람.

애도하는 게 일입니다

마치고 의전업체의 장례지도사가 잠시 휴식을 취하는 유족 대기실로 찾아갔다. 고인에 대해 묻기 위해서였다. 나는 종종 이름과 나이를 제외하고 고인에 대해 아는 바가 없을 때 그에게 물어보곤 했다. 고인의 몸을 닦아 내고 수의를 입혀 관에 모시는 일을 하는 사람이기에, 나보다 고인을 잘 알 수도 있기 때문이다.

"고인은 어떠셨어요? 특관이어서 긴장하며 들었는데 무게가 정말 가볍더라고요."

"아…… 완전히 삐쩍 말랐는데, 몸이 둥글게 말려 있었어. 아마 뇌성마비 같은 장애가 있었던 모양이야. 안치실에서 얼어붙어 있는 그분의 몸을 보는데, 아무래도 몸을 펴면 안 될 것 같더라고. 그래서 펴지 못한 몸에 맞춰야 되니까 가로 면적이 맞는 특관을 쓸 수밖에 없었지."

장례지도사는 고인의 모습을 상세히 묘사하다 그걸로 부족했는지 핸드폰을 꺼내 사진을 보여 줬다. 사진 속의 고인은 그의 말대로 둥글게 몸을 말고 누워 있었다. 나이가 무색할 정도로 작고 앳된 모습이었다. 사진을 보고 나니 고인이 왜 쉰에 가까운 나이임에도 어린이 병원에서 임종을 맞이했는지 조금은 짐작할 수 있었다. 조심스럽게 추측해 보건대, 아마 고인은 뇌병변 장애를 가지고 태어났던 것 같다.

어린이 병원에는 어린 시절에 입원했다가 가족과 연락이 끊겨서 퇴원하지 못하는 중년의 행려환자가 종종 있다. 병원은 그런 환자들을 내쫓을 수 없으니 병동에서 계속 돌볼 수밖에 없고, 호전될 수 없는 병이나 장애를 가지고 있는 환자는 결국 병원 밖의 세상을 보지 못한 채 숨을 거둔다. 물론 어린이 병원에 입원해 있는 아이들 중 무연고사망자가 되는 경우도 있다. 그 아이들 역시 대부분은 병원에서 평생을 보내다가 죽음을 맞이한다.

장애 가족을 돌보는 일은 많은 시간과 돈이 든다는 것을 전제한다. 예전에 나는 장애인주간보호시설에서 사회 복무를 했었다. 처음 그곳에서 일을 할 때는 시설을 이용하는 대부분의 사람들이 고가의 브랜드 옷을 입고 있기에 '다들 여유가 있구나.'라고 쉽게 생각했다. 하지만 그들의 몸과 다를 바 없는 이너휠체어 가격과 재활기구, 물리치료에 들어가는 비용을 알고 나서는 '장애 가족과 함께 살기 위해선 돈이 많아야 하는 거구나.' 하고 깨달았다. 그런데 세상에는 이것을 감당할 수 있는 사람보다 그럴 수 없는 사람이 훨씬 더 많다. 고인의 가족도 그렇지 않았을까?

행려환자가 무연고사망자가 될 때는, 가족들이 웬만큼 경제적으로 여유가 있지 않고서는 감당하기 어려운 희귀병이

애도하는 게 일입니다

나 장애를 가지고 있는 경우가 대부분이다. 짧든 길든 어린이 병원에서 머무는 동안 그들이 어떤 삶을 살았는지는 알 길이 없다. 그들이 그곳에서 행복했는지, 불행했는지, 외로웠는지, 혹은 사람들 틈에서 정신없이 일생을 보냈는지……. 마지막 순간 장례를 통해 만나는 사람에게 허락되는 정보에는 고인이 느꼈을 감정들은 생략되어 있다.

장례를 모두 마치고 사무실로 돌아가는 버스 안, 나는 북적이는 사람들 틈에 섞여 곰곰이 생각했다. 고인에게 허락된 공간에 대해서.

'고인은 살아생전에 그 공간에서 이따금씩 벗어난 적이 있었을까? 종종 창밖을 바라봤을까? 그랬다면 어떤 생각을 했을까?'

마음만 먹으면 나는 어디든 갈 수 있다. 그러니 어쩌면 평생 그들을 이해하지 못할지도 모른다. 그들이 자유롭게 어디든 갈 수 있는 세상이 오지 않는다면.

어느 챔피언의 장례

무연고사망자 장례의 특징 중 하나는 영정 사진이 없다는 것이다. 장례의뢰 공문에는 고인의 사진이 첨부되어 있지 않다. 개인정보 유출을 우려하는 공무원들은 설령 가족이 오더라도 사진을 내어 주지 않는다. 그래서 나눔과나눔에서는 부고를 알릴 때 적극적으로 영정에 쓸 사진이 있는지 물어본다. 참여자가 이런 상황을 모르고 장례에 와서 당황한 것이 한두 번이 아니기 때문이다.

장례에 영정이 있고 없고는 차이가 크다. 모두가 영정과 위패를 같이 들고 있는 화장장에서, 나 홀로 위패만 덩그러니 들고 있으면 소외감이 들고 움츠러들기도 한다. 괜스레 사람들의 시선이 따갑게 느껴질 때도 있다. 현대의 장례 문화에서 영정 사진은 '당연히' 필요한 것이다.

운이 좋아 그 당연한 사진을 가족이나 지인에게 받을 때가 있다. 그런 경우 대부분 단체 사진 속 고인의 모습을 확대해서 자른 사진을 보내 준다. 그럼 화질이 좋지 못하기에 고인의 모습이 뭉개져 보이고, 더불어 고인이 일상 배경에 평상복을 입고 있으면 사진 편집을 필수적으로 해야 한다.

편집 작업은 보통 모퉁이와 내가 돌아가면서 한다. 현재는 별도의 예산을 책정해서 사진관에 맡기고 있지만, 난도가 낮은 편집은 직접 하는 편이다. 비록 퇴근 후에 별도의 시간을 내야 하는 일이지만, 작업을 하며 고인의 얼굴을 한참 바라보고 있노라면 어느새 고인에게 친근감이 들기 때문이다. 그리고 이때 느끼는 친밀감은 장례 현장에서 고인을 애도하는 것을 보다 수월하게 해 준다.

누군가의 장례를 치른다는 것은 생각보다 많은 재주를 요한다. 한 가지를 특출 나게 잘하지 못하고 실용성 없는 잡기에 능한 내가 언제쯤 사회에서 쓰임받게 될지 항상 걱정이었는데, 이 일을 시작한 후로 내 잡기가 적극적으로 쓰이곤 해서 안심이 된다.

내 아이패드의 드로잉 앱에는 무연고사망자의 영정 사진

이 80장쯤 들어 있다. 이 일을 시작하기 전에 취미로 그림을 그리려고 샀던 앱인데, 이제는 영정 사진을 편집할 때 외엔 켜 보지 않는 앱이 되었다.

지난겨울에 장례를 치른 한 고인의 영정도 내가 만들었다. 고인의 임종을 지킨 친구들이 주민등록증을 가지고 있어서 다행히 그 사진을 쓸 수 있었다. 나는 주민등록증에서 고인의 모습만 잘라 새롭게 만든 배경에 붙이고 고인에게 정장을 입혔다. 그러자 선한 눈매의 고인이 푸근한 인상의 아저씨처럼 보였다.

나는 편집 완성본을 액자에 넣은 뒤 가방에 챙겨 퇴근했다. 다음 날 오전 장례라 사무실에 들를 여유가 없었기 때문이다. 집에 도착해 고인의 영정을 책상 한편에 세워 두었다. 그냥 가방에 넣어 두기도, 그렇다고 바닥에 두기도 애매했다. 괜히 예의에 어긋나는 것 같았다. 어쩔 수 없이 나는 잠들기 직전까지 고인과 눈을 마주쳐야 했다. 다음 날 아침이 되었을 땐 눈 감고도 고인의 얼굴을 그릴 수 있을 정도였다.

다음 날, 나는 빈소에 도착해 고인의 영정을 제단 위에 올렸다. 그런 다음 이미 한 시간 전부터 장례를 기다리고 있던 고인의 친구들에게 빈소가 마련되었다고 알렸다. 그들은 빈소로 들어오자마자 영정을 보더니 한숨을 내쉬었다. 친구의 죽음이 믿기지 않는 듯했다.

모든 예식이 끝나고 고인의 관을 화로로 이동시킨 뒤, 나는 그들을 유족 대기실로 안내했다. 그리고 화장이 언제 끝나는지, 언제 다시 안내하러 올 것인지 간단히 이야기해 둔 뒤 그곳을 빠져나왔다. 친구들이 여럿이기도 했고 아무런 말도 하고 있지 않기에 그들만의 시간이 필요할 것 같았다.

고인이 어떤 사람인지는 수골실에 있을 때 알게 되었다. 화장이 끝난 유골 속에서 관에 박혀 있던 못을 골라 내는 승화원 직원의 손을 바라보다가 고인의 친구들에게 넌지시 물어보았다.

"혹시 고인은 어떤 분이었나요? 제가 사진을 편집해서 한참 고인의 얼굴을 들여다보았는데, 인상이 참 푸근하시더라고요."

내 질문에 그들의 반응은 예상 밖이었다. 친구들은 의아하다는 표정을 지으며 도리어 나에게 되물었다.

"김성용을 몰라요? 얼굴까지 봐 놓고?"

당연히 알고 있을 줄 알았다는 친구들의 반응에 당황스러웠다. 고인의 이름을 들어 본 적도 없고 얼굴도 처음 봤는데……. 나는 열심히 머리를 굴렸다. 혹시 예전에 활동했던 연예인인가? 전혀 모르겠다는 내 표정을 읽었는지 친구들 중 한 명이 내게 말을 걸었다.

"복싱 챔피언 김성용 몰라요? 이 친구가 바로 그 김성용이에요!"

그 말에 반응한 것은 옆에서 이야기를 듣고 있던 의전업체의 장례지도사였다.

"아~ 그 김성용이 이분이에요? 저는 동명이인이라고 생각했어요!"

고인의 친구들과 연배가 비슷한 장례지도사는 곧바로 고인이 누구인지 알아차렸다. 그러자 고인을 알고 있다는 것이 반가웠는지 친구들이 더 많은 이야기를 꺼냈다. 그렇게 잠시 고인의 과거를 회상하는 시간을 가졌다. 고인이 활동했던 시기는 70년대. 나는 태어나서 복싱은커녕 종합격투기를 본 적도 없기에 잠자코 그들의 대화를 들을 뿐이었다.

"이 친구가 무연고로 갈 사람이 아니에요. 은퇴하고 술집도 크게 했거든요. 결혼도 안 하고 자식도 없다는 이유로 이렇게 무연고로 가다니. 건강하게 살 때는 문제가 없었는데, 아프니까 다 가족을 찾아. 병원도, 장례식장도요."

"저도 예전에 경기를 본 적이 있는데 이렇게 무연고로 장례를 치르게 될 줄은 몰랐네요. 세상 참……."

애도하는 게 일입니다

모두가 무연고로 고인의 장례를 치른다는 것에 안타까워
했다. 다시 한번 수골실에 침묵이 깔렸다.

'내가 복싱 챔피언의 영정을 만들게 될 줄이야.'

고인의 영정을 바라보았다. 내가 복싱 챔피언과 하루를
보냈다는 사실이 실감 나지 않았다.

장례를 모두 마치고 사무실로 돌아가면서 아버지에게 전
화를 걸었다. 아버지는 복싱을 좋아했다. 그 시절에 오락거리
는 그것뿐이었다며 술 마신 날이면 종종 과거의 챔피언들에
대한 이야기를 해 주곤 했다.

'아버지는 고인을 알고 있을까?'

핸드폰 너머로 아버지의 목소리가 들려왔다.

"어, 민석아. 무슨 일이냐?"

나는 어제오늘 있었던 일들을 모두 이야기했다. 영정 사
진을 편집하고, 그 영정을 책상 위에 두고 하루를 보냈던 것,
그리고 오늘 들은 고인의 과거에 대해서도.

"아버지도 고인에 대해서 알고 계신가 해서요."

아버지는 잠시 침묵하더니, 그 시절에 복싱을 좋아했던
사람이라면 누구나 고인을 알 거라고 답했다. 한 체급을 석권
했던 챔피언인데 모를 수가 없다면서.

"그래도 챔피언인데 무연고사망자로 장례가 치러졌다는 게 조금 씁쓸하네."

아버지의 기억 속에 남아 있는 고인은 링 위에서 마지막까지 서 있던 사람이었다. 그런 고인이 무연고사망자가 되었다는 사실에 기분이 묘해졌다.

항상 사람들에게 모든 무연고사망자가 생전에 빈곤했던 게 아니라고 이야기해 왔고, 실제로 그런 사례를 접하기도 했다. 그런데 '챔피언'이라는 말이 주는 울림은 조금 남달랐다.

아버지는 어렸을 때 복싱이 스포츠 그 이상이었다면서, 모두가 가난했던 그 시절 헝그리 복서가 난전 끝에 쟁취하는 승리는 때로 삶의 희망이 되었다고 했다. 어린 시절에 봤던 영화 〈록키〉의 한 장면이 떠올랐다. 승패와 상관없이 경기 그 자체가 준 감동. 그러자 아버지의 말이 조금은 이해가 갔다.

사무실로 향하는 버스에서 고인의 이름을 검색해 보았다. 하지만 포털에는 고인의 인물 정보가 뜨지 않았다. 50년 전의 일이니 그럴 만도 했다. 나는 링크를 타고 여기저기 조금 더 정보를 찾았다. 그러자 블로그와 격투기 커뮤니티에서 스크랩된 옛날 신문 기사와 글 몇 개를 찾을 수 있었다.

사람들은 하나같이 고인을 헝그리 복서로 기억했다. 모두가 배고팠던 시절 굶어 죽지 않기 위해서 링 위에 올랐던

애도하는 게 일입니다

사람, 굶주림을 원동력 삼아 수십 번의 경기를 치르며 한 발자국씩 앞으로 나아갔고 마침내 한 체급의 챔피언이 된 사람으로⋯⋯.

어느 블로그에 유일하게 남아 있는 고인의 경기 영상을 봤다. 영상 속에서 고인을 찾는 것은 너무도 쉬운 일이었다. 하루 종일 봤던 얼굴이니까. 그 경기에서 고인은 일본 선수에게 무참히 패배했고, 그 경기 이후에 고인은 더 이상 링 위에 오르지 않았다고 한다.

무연고사망자 대부분은 빈곤하다. 그렇다고 해서 모든 무연고사망자가 빈곤한 것은 아니다. 하지만 사람들은 이 사실을 잘 모른다. 고인이 빈곤했을 것이라고, 그리고 그 빈곤은 게으름에서 비롯되었을 것이라고 너무도 손쉽게 단정 짓는다.

어느 기사에서 무연고사망자를 비난하는 댓글을 봤다.

'그러기에 잘 살았어야지. 게으름 피우지 말고 성실하게 살았어야지.'

전직 복싱 챔피언이었던 고인에게도 과연 그런 말을 할 수 있을까? 고인이 게으름을 피우며 성실하지 않게 살았다고 손가락질할 수 있을까?

경기는 일본에서 치러졌다. 당시의 일본 관중이 고인을

응원했을 것 같지는 않았다. 그럼에도 불구하고 영상 속 고인은 투지를 불태우며 생생하게 살아 있었다. 끝내 수건을 던졌지만, 그전까지는 끊임없이 주먹을 뻗고 있었다.

나는 영상을 끄고 버스 등받이에 깊숙이 몸을 파묻었다. 눈을 감자, 이번엔 고인이 내지른 주먹이 생생히 그려졌다.

애도하는 게 일입니다

간병살인

두 사람의 거주지와 사망지가 일치했다.

처음엔 내가 장례의뢰 공문을 잘못 읽은 줄 알았다. 한 사람의 정보가 적혀 있어야 할 칸에 두 사람의 인적 사항이 적혀 있었고, 둘의 사망지와 거주지가 동일했다. 집에서 사고라도 있었던 것일까? 시선을 아래로 내려 주무관이 작성한 특기 사항을 훑어보았다.

'사망자는 가족관계증명서상 부부이며, 부모 모두 사망하였고, 자녀가 한 명 있으나 사망함.'

두 고인은 부부였다. 일흔이 넘은 노부부가 한날한시에 사망했다. 도대체 무슨 일이 있었던 걸까? 당황스러운 마음에 다시 시선을 위로 올려 직접 사인을 살폈다. '일산화탄소 중독'이라는 글자가 눈에 들어왔다. 노부부가 화마를 피하지 못했던 것일까? 의문이 꼬리에 꼬리를 물었다.

'두 고인이 같은 곳에서 한날한시에 사망한 이유를 알 수 있다면 장례에 참여할 누군가를 찾을 수도 있을 텐데…….'

공문에는 그 밖의 정보가 없었기 때문에 나는 방법을 바꿔 검색을 해 보기 시작했다. '화재, 방화, 70대 부부' 등 여러 키워드로 검색했지만 두 고인의 것이라고 특정 지을 수 있는 기사는 보이지 않았다. 혹시나 하는 마음에 거주지를 검색해 봤지만 마찬가지로 별 소득이 없었다. 기사를 찾을 수도 없고 장례에 참여하겠다고 의사를 밝힌 사람도 없었기 때문에, 나는 반쯤 포기하고 고인들의 정보를 데이터베이스에 입력하기 시작했다.

그런데 그때 한 가지 생각이 머리를 스쳐 갔다. 화재나 방화 같은 사고가 아닐 수도 있다는 생각. '일산화탄소 중독'이라는 말에 가장 먼저 연상된 것, 바로 '자살'이다. 나는 엑셀 창을 닫고 이전과는 다른 키워드를 조합해서 검색했다. 그러자 한 기사 제목이 눈에 들어왔다.

'70대 노부부 숨진 채 발견…… 남편이 수년간 치매 아내 돌봐'

마우스 휠을 돌려 화면을 아래로 내리자 비슷한 제목의 기사들이 여럿 보였다. 나는 그중 몇 가지를 클릭해서 읽었고, 기사와 공문 속 내용을 대조해 보았다. 그리고 확신할 수 있었다. 기사에 나온 노부부는 장례의뢰 공문의 두 고인과 동일인이었다.

기사에 따르면 남편이 오랫동안 치매에 걸린 아내의 간병을 책임지고 있었던 듯하다. 경찰은 두 고인의 몸에 특별한 상처가 없고 외부 침입 흔적도 없기 때문에 남편이 주도적으로 극단적인 선택을 했을 것이라 추측했다.

'치매에 걸린 아내를 수년간 돌보다가 지친 남편이 간병살인을 저질렀다니…….'

기사를 보고 노부부의 죽음에 대한 의문은 풀렸지만 예상보다 훨씬 더 비극적인 사실에 마음이 무거워졌다. 나는 기사 링크를 업무 메신저에 공유하고 인터넷 창을 닫았다.

'치매'와 '간병'이라는 단어는 내가 그간 잊고 있던 기억들을 불러왔다. 자다가도 핸드폰이 울리면 언제든 뛰쳐나갈 수 있게 늘 준비하고 있던 아버지. 쾨쾨한 냄새가 나던 할머니의 집. 나란히 놓인 두 개의 병원 침대와 거의 모든 생활을 그 위에서 하던 할머니와 할아버지의 모습.

아주 어릴 적 기억이라 대부분은 희미하게 편린처럼 남아 있지만, 몇 가지 선명하게 떠오르는 장면이 있다. 지쳐 보이는 아버지와 어머니의 얼굴, 꺽꺽대며 마지막 숨을 몰아쉬는 할머니의 일그러진 표정. 그중 가장 선명하게 남아 있는 건 태어나서 처음 본 죽음의 순간이었다.

"민석아, 지금 당장 할머니 댁으로 와."

전화기 너머 어머니의 목소리가 흔들리고 있었다. 무슨 이유 때문인지 상황에 대해서는 구체적으로 설명해 주지 않았지만, 나는 평소와 다른 공기를 읽어 낼 수 있었다.

'아, 오늘이 마지막일 수도 있겠구나.'

그때 나는 같은 아파트 단지에 위치한 할머니네 집으로 달려가면서도 가고 싶지 않다는 생각을 했다.

마침내 할머니네 집에 도착했을 때, 주방과 거실을 연결하는 미닫이문 너머로 가족들이 할머니의 침대 주위에 둘러서 있는 게 보였다. 누군가는 응급실에 급히 전화하고 있었고, 어머니는 할머니의 작은 손을 꼭 붙잡고 눈물을 흘리고 있었다.

임종의 순간은 영화나 드라마에서 보던 것과 완전히 달랐다. 평온한 표정으로 부드럽게 눈을 감던 배우들과 다르게 할머니는 고통스럽게 꺽꺽거렸다. 가래가 목구멍을 막은 것 같다며 아버지는 할머니의 입을 열어 숨을 불어넣기도 하고 온몸을 주무르기도 했다. 아버지의 얼굴은 무표정이었지만 할머니를 살리고자 하는 그 모습에서 처연함이 묻어 나왔다.

그러나 가족들의 간절한 바람과 달리 할머니는 천천히 고통스럽게 죽어 갔다. 가족들이 울음을 터뜨렸고, 뒤늦게 찾아온 응급 구조사가 할머니의 상태를 살폈다. 하지만 한 번 멈춘 할머니의 숨은 다시 돌아오지 않았다. 그렇게 할머니의 삶이 끝났다. 몇 년간 아버지를 힘들게 했던 치매라는 병과 함께.

참으로 이상한 일이지만, 내 기억 속에 할머니는 임종의 순간 고통스러워했던 모습과 치매에 걸리기 전 인자한 미소를 짓던 모습만 남아 있다. 치매에 걸리고 하루가 다르게 상태가 나빠졌을 때는 전혀 기억나지 않는다. 할머니의 건강이 악화되고 아버지가 간병을 하기 위해 할머니네 가까이로 이사를 하면서 아픈 할머니의 얼굴을 더 자주 봤는데, 어째서 내 기억 속엔 그보다 훨씬 전의 모습만 남아 있는 걸까?

할머니를 생각하면 부드러운 목소리로 내 이름을 불러주고, 수박 껍질을 땅에 심으면 오이가 자란다며 장난을 치던 모습이 떠오른다. 어쩌면 그 모습만 기억하고 싶다는 방어기제가 병중에 있던 할머니의 모습을 지웠을 수도 있다.

어머니와 아버지는 어땠을까. 나중에 아버지에게 들은 바에 의하면, 아버지는 당시에 육체적인 고통보다 정신적인 고통이 너무도 컸다고 한다. 할머니에게서 아버지가 알고 있던 모습이 점점 사라져 가는데, 그걸 막을 수 없다는 사실 때문에 미칠 것 같았다고 했다. 그러고 보니 당시 어머니와 아버지의 얼굴에는 늘 그늘이 드리워 있었다. 어쩌면 그것만으로 그때의 힘든 시간들이 이미 설명되었는지도 모른다.

노부부의 장례의뢰 공문을 처음 확인했을 때의 의아함은 이제 남아 있지 않다. 어느새 나는 노부부의 죽음을 이해하고 있었다. 남편에게 다른 선택지가 있으리라곤 생각되지 않았다. 치매에 걸린 아내가 그의 결정에 동의했을지는 모르겠다. 하지만 나는 그를 비난할 수 없다. 젊었던 아버지와 다르게 그는 일흔이 넘은 노인이었다. 누군가의 돌봄이 필요한 나이에 아픈 아내를 혼자서 책임져야 했다.

장례가 치러지던 날, 고인이 된 노부부 중 남편의 관 위에 태극기가 덮였다. 알고 보니 그는 참전용사로 국가유공자였다. 공문에는 그들의 유골을 무연고 추모의 집에 봉안하고 국립묘지 안장을 위해 심사를 진행할 것이라는 내용이 적혀 있었다. 노부부는 각자 태어난 날은 달랐지만, 죽음의 순간과 화장, 장례의 모든 과정을 함께했다. 심지어 가벼운 관의 무

애도하는 게 일입니다

게조차 닮아 있었다.

화장이 진행되는 동안 빈소에서는 종교 예식이 행해졌다. 조계종의 염불 봉사 팀이 당일에 배정된 종교 봉사자였다. 나는 그들에게 간략히 고인을 소개했다. 빈소에서 안타까운 탄식이 새어 나왔다.

"옴 아모카 바이로차나 마하무드라 마니 파드마……."

그런데 한참 염불을 하던 봉사 팀장이 갑자기 말을 멈추었다. 처음 있는 일이었다. 그는 다시 염불을 시작하려고 했지만, 목이 메었는지 머뭇거렸다.

다행히 잠시 중단되었던 염불은 금방 재개되었다. 30여 분의 시간이 흐르고 염불을 마친 봉사 팀이 자리에서 일어나 짐을 챙기기 시작했다. 나는 봉사 팀장에게 다가가 물병을 건네며 안부를 물었다. 그러자 그는 오늘따라 유독 염불이 힘들었다고, 영가님들이 이 땅에 미련이 남은 것 같다고 대답했다. 그 말에 남편이 쓴 유서가 발견되었다는 기사 내용이 떠올랐다. 유서의 내용은 비밀에 부쳐졌기에 알 수 없었다. 과연 남편이 마지막 순간에 하고자 했던 말은 무엇이었을까?

화장이 끝난 고인의 유골에서는 보철물이 여럿 발견되었다. 모두 남편의 것이었다. 고관절에 쓰이는 커다란 보철물이 생전에 그의 거동이 어땠는지 설명해 주고 있었다. 그가 성치 않은 몸으로 아내를 돌보는 동안 사회 시스템은 침묵하고 있었다.

두 고인의 유골은 무연고 추모의 집에 나란히 봉안되었다. 죽음 이후에도 그들은 떨어지지 못하고 함께였다. 그것이 불행인지, 아니면 다행인지 확신이 서지 않는다.

'남편은 아내에게서 벗어나고 싶었을까? 아니면 마지막까지 함께하고 싶었을까? 아내는 어떤 것을 바랐을까? 만약 아프지 않았다면, 두 사람이 그리던 인생의 황혼기는 어떤 모습이었을까?'

무수한 질문이 머릿속을 맴돌았지만, 고인은 말이 없는 법이다. 노인이 노인을 돌보아야 하는 시대의 비극은 이제 막 시작되었다. 돌봄의 문제가 해결되지 않는다면 이 비극은 나의 문제가 될 것이다. 나는 애인과 무사히 늙을 수 있을까? 그런 의문이 들자 곧 불안함이 엄습했다. 자신이 없었다.

최선을 위해
손을 놓아야 한다

  자주 있는 일은 아니지만 고인의 사인이 '아사(餓死)'라는 걸 알게 되는 경우가 있다. 한번은 고인의 아버지가 장례에 참여해 자신의 아들이 굶주림 끝에 죽었다고 넋두리를 늘어 놓은 적이 있었다. 그의 말에 따르면, 아들은 중국에서 온 여행객을 상대로 가이드를 해 생계를 유지했다. 하지만 한국과 중국의 관계가 악화되자 일거리가 없어졌고, 순식간에 삶이 무너지고 말았다. 아들은 주변 사람에게 돈을 빌려 생활하며 어떻게든 살아 보려고 발버둥을 쳤지만, 감염병으로 해외입출국이 사실상 불가능해지자 재기는 요원해졌다.

  그런데 진짜 문제는 그때부터였다. 빌린 돈을 언젠가 갚을 수 있다는 낙관이 없어지자 아들은 스스로를 고립시켰다. 주변 사람들에게 경제적으로 피해를 끼치고 있다는 생각에 더는 도움을 요청할 수 없게 된 것이다. 외국인인 그에게 제공되는 공공 지원은 전무했다. 쌀이 바닥나고 먹을 것이 없어 며칠을 굶다가 아버지가 걱정하며 보내온 음식으로 간신히 배를 채우는 날들이 계속되었다. 몸은 빠르게 쇠약해졌고, 급기야 일을 구하기 위해 집을 나서다가 길에서 정신을 잃고 앞으로 고꾸라져 치아까지 부러지고 말았다. 한 번 구르기 시작한 불행의 스노볼은 무서운 속도로 몸을 불리기 시작했다. 이가 빠지고 쇠약해 보이는 그를 채용하는 곳은 어디에도 없었다.

기초생활수급자인 아버지는 아들의 모습을 바라보며 자신의 무력함을 저주했다. 얼마 되지 않는 본인의 수급비를 모아 아들의 병원비와 생활비로 사용했지만 그것으로는 턱없이 부족했다. 의료 급여를 제공받지 못하는 아들의 병원비는 아버지가 감당할 수 있는 수준이 아니었다.

그럼에도 불구하고 어떻게든 아들을 살려야 한다는 생각에 아버지는 일을 알아보기 시작했다. 하지만 곧 좌절하고 말았다. 취업을 해서 일정 소득 이상을 벌게 되면 수급비가 끊긴다는 사회복지사의 말 때문이었다. 고령에 지병까지 있는 본인이 일을 찾아서 해 봐야 어차피 얼마 벌지도 못할 게 뻔했다. 그런데 수급비까지 끊기면 당장 월세와 병원비, 약값을 부담할 방법이 없어져 버리게 되는 것이다. 당연히 아들을 돌볼 수 있는 여유도 지금보다 더 없어질 게 분명했다. 당시 아들을 위해 아버지가 할 수 있는 최선의 방법은 아무것도 하지 않는 것이었다.

"사람 목숨이라는 게 참 질겨요. 그렇게 힘들어도 쉽게 죽지도 못합니다."

그 후 아들은 동굴 깊숙한 곳으로 들어가기 시작했다. 어느 순간부터는 아버지에게 도움을 요청하지도 않았다. 그렇게 아들은 천천히 죽어 갔다.

아버지는 아들이 죽은 지 한 달이 지나서야 부고를 전해 들었다. 90년대에 한국으로 귀화하면서 고인이 된 아들과 가족관계를 증명할 길이 없었기 때문이다. 경찰은 영사관의 협조를 통해 얻은 호구만으로 가족관계를 추적하기에 아버지의 존재를 알 수 없었다. 아버지임에도 불구하고 친인척 중가장 늦게 부고를 전해 들었을 뿐만 아니라 경찰에게 자신이 가족이라는 걸 증명까지 해야 했다. 그렇게 지난한 증명의 과정이 끝난 뒤에도 장례를 치르기 위해선 300만 원의 안치료가 필요하다는 말을 들어야 했다. 돈 때문에 아들을 잃었는데 다시금 돈이 문제가 되었다. 결국 아버지는 구청에 가서 시신 처리위임서를 썼다.

가장 늦게 아들의 부고를 전해 들은 아버지. 아들을 위해 아무것도 할 수 없었던 아버지. 자신이 가족임을 증명해야 했던 아버지. 아들의 시신을 위임해야 했던 아버지.

아버지로서 그가 겪은 모든 일이 너무 끔찍해서 걱정이 앞섰다. 하지만 그런 상황에서도 그는 내 어깨를 꽉 잡으며 장례를 치러 주어서 고맙다고, 이렇게 훌륭한 복지제도 덕분에 자신이 사람 노릇을 했다며 연신 고개 숙여 인사를 했다.

외국인이라는 이유로 고인이 숨을 거두기까지 전혀 작동하지 않았던 사회의 돌봄망을 생각하니 부끄러운 마음이 들었다. 그래서 나는 그 앞에서 고개를 들 수가 없었다.

애도하는 게 일입니다

삶의 잔금

'언젠가 우리는 죽는다.'

이것은 모든 게 불확실한 삶에서 유일하게 확정된 사실이다. 사람들은 이 확정된 미래가 언제 닥쳐올지 모르기 때문에 불안해한다. 암 같은 중병으로 시한부 선고를 받거나 죽을 결심을 하지 않는 이상 자신에게 남은 시간을 가늠할 수 있는 사람은 없다.

죽음은 나이를 가리지 않고 찾아온다. 영아도, 청년도, 노인도 때가 되면 모두 죽는다. 마찬가지로 무연사도 나이를 가리지 않는다. 하지만 사람들은 자주 이 사실을 간과한다. 무연고사망자가 당연히 노인일 것이라고 생각하는 것이다. 나는 이런 경우를 종종 본다. 사람들은 자신과 동년배이거나 나이가 어린 고인의 위패 앞에서 더욱 숙연해진다. 당연한 반응이다. '때 이른 죽음'이라는 생각은 안타까움을 배로 만드니까.

하지만 '때 이른 죽음'이 어린 나이에 죽은 경우에만 해당되는 것은 아니라는 생각이 든다. 노인에게도 죽음이 때 이르게 찾아올 수 있으니까.

몇 해 전 여름, 나는 스무 살의 고인과 아흔을 넘긴 고인의 장례를 같은 날 치른 적이 있었다.

"스무 살이요?"

고인의 나이에 도톨이 되물었다. 나는 조용히 고개를 끄덕였다. 도톨은 무연고사망자를 주제로 한 인터랙티브 기사를 준비하고 있는 대학생으로 자료 조사를 위해 종종 장례에 참여하곤 했다. 그는 자신보다 어린 고인의 나이에 충격을 받은 듯했다.

헌화를 마친 빈소의 제단 위엔 두 고인의 위패와 국화꽃이 나란히 놓여 있었다. 기사에 쓸 사진을 찍기 위해 그 앞에서 연신 셔터를 누르던 도톨이 어느 순간 카메라를 내려놓더니 내 앞에 앉았다. 그러곤 다시 물었다.

"근데 사인은 알 수 없는 거예요?"

"그렇죠. 집에서 돌아가셨는데 발견되기까지 시간이 좀 걸렸나 봐요. 부패가 이미 진행되었고, 평소 지병에 대해 증언할 수 있는 가족이나 주변인이 없으면 검안의도 단정적으로 사인을 적을 수 없으니까요."

내 대답에 잠시 침묵이 깔렸다.

고인에 대한 소개는 장례식을 마치고 운구하러 내려가기 전에 생기는 이십여 분의 여유 시간 동안 이루어진다. 장례에 참여한 이들의 애도를 위해 핵심적인 정보를 제외한 고인의 인적 사항을 이야기하는 시간이다. 평소엔 대부분의 고인이 엇비슷한 중장년이라 나이는 특별한 정보가 아니지만, 그날은 상황이 조금 달랐다.

"그럼 저보다 어린 거네요……."

도톨의 나직한 말에 나는 다시 공문을 봤다. 고인은 갓 스무 살이 된 청년이었다. 반지하 방에서 혼자 살다가 혼자 죽었다. 그의 부고는 시신이 부패되면서 냄새로 알려졌다.

'고인은 왜 고립되었을까? 왜 상세불명의 내재적 질병으로 숨을 거두는 순간까지 혼자여야 했을까?'

공문을 접수한 첫날 생겼던 의문은 첨부된 자료들을 확인하며 조금이나마 해소되었다. 제적등본상 고인의 보호자들은 그가 여덟 살이 채 되기도 전에 이혼했다. 2년 뒤 아버지는 사망했고, 가까운 혈연이라고는 어머니밖에 없었다. 그래서 그는 호적에 호주로 이름을 올리게 되었다. 그리고 그가 스무 살이 되던 해 마지막으로 남아 있는 가족인 어머니마저 사망했다. 이제 막 성인이 된 그의 가족관계등록부엔 그의 이름만 덩그러니 있었다. 장례를 치를 수 있는 가족이 없으니 무연고 사망자가 되는 것은 당연한 수순이었다.

"가족이 있고 없고의 차이는 굉장히 커요. 경제적인 이유든, 건강상의 이유든 내가 무너졌을 때 어딘가 기댈 곳이 있다는 건 중요하잖아요. 특히 청년의 경우 중병에 걸리거나 장애가 있지 않다면 공공 지원은 거의 받을 수 없어요. 그러니까 자신이 기댈 수 있는 가족까지 없다면 사실상 등 뒤에 낭떠러지를 두고 사는 셈인 거죠."

내 말에 도톨은 동의하듯 고개를 끄덕였다. 이제는 운구를 위해 내려가야 할 시간이었다. 도톨과 나는 각자 고인의 위패를 안아 들고 운구가 진행될 화로 입구로 향했다.

고인의 관은 무거웠다. 네 사람이 붙었는데도 낑낑대며 간신히 카트에 올려야 했다. 나는 남아서 다른 고인을 마저 운구해야 했기에, 도톨이 고인과 함께 화로로 이동했다. 문 안쪽으로 사라지는 관을 향해 짧게 목례를 했다.

나는 다시 운구차 앞에 섰다.

애도하는 게 일입니다

"이분은 굉장히 가벼우니까 우리끼리 들면 돼."

장례지도사의 말대로 다른 고인의 관은 무척 가벼웠다. 도톨이 빠져서 세 사람밖에 없는데도 관을 들어 올리는 데 아무런 문제가 없었다. 너무 가벼워서 오히려 드는 순간 중심을 잃고 휘청일 정도였다.

스무 살의 고인과 같은 날 장례를 치른 이 고인은 아흔이 넘은 고령이었다. 장례를 치러 줄 가족들이 본인보다 먼저 사망한 상황이었다. 이처럼 부모는 물론이고 형제자매, 자녀, 심지어 손주보다 오래 살아 무연고사망자가 되기도 하는데, 이런 경우 대부분의 고인은 요양병원에서 남은 생을 보내다 눈을 감는다.

제적등본을 보니 고인은 미혼으로 자녀가 없었고, 형제자매를 포함한 장사법상 가족들이 모두 사망한 상태였다. 앞서 이야기했던 것처럼 '너무 오래 산' 케이스의 전형이었다. 하지만 공문에 적힌 경찰조사서를 살펴보자 여태까지와는 다른 내용이 쏟아져 나왔다.

어느 날 새벽, 고인은 한 아파트에 들어갔다. 아마도 최대한 인적이 드문 시간을 기다렸던 것 같다. 엘리베이터에 탑승해 꼭대기 층의 버튼을 눌렀고, 멈추지 않고 올라가 하차했다. 그리고 삼십 분 정도 거기에 머물다 엘리베이터를 타고 다시 1층으로 내려왔다. 경찰조사서에는 '주저행동 추정됨.'이라는 의견이 적혀 있었다.

오 분 정도 시간이 흐른 뒤 고인은 다시 엘리베이터에 탑승했다. 앞선 시도와 마찬가지로 멈추지 않고 꼭대기 층에 올라가 하차했다. 그리고 이번에는 다시 내려오지 않았다.

"고인은 동틀 무렵의 이른 아침에 아파트 앞 화단에서 발견되었다고 해요."

화장이 끝나고 수골실로 이동하며 도톨과 대화를 이어 갔다. 도톨은 스무 살의 청년과 아흔을 넘긴 노인의 장례를 같은 날 치르는 게 실감이 나지 않는다고 말했다. 극명하게 다른 나이처럼, 두 고인의 사인도 대비되었다. 죽은 후 수일이 지나 발견되어 사인을 특정 지을 수 없는 사람과 너무도 명확한 사인을 스스로 선택한 사람.

"저는 이분의 나이를 듣고 사인은 당연히 자연사나 병사일 거라고 생각했어요. 아흔을 넘겼다면 사실 살날이 그렇게 많이 남지 않은 거잖아요? 스스로 그걸 앞당기지 않더라도요…… 물론 백 세를 넘기는 분들도 계시지만요."

나는 도톨의 말에 동의했다. 경찰조사서에는 신변을 비관해 투신한 것 같다고 적혀 있었지만, 그의 삶에 대한 내용은 빠져 있었다. 생전에 고인이 어떤 상황이었고, 어떤 생각을 품었는지, 왜 자살을 했는지는 알 방법이 없다. 주변인의 진술도 전혀 없었다.

'왜 고인은 스스로 죽음을 앞당겼을까?'

이 물음은 풀리지 않을 의문으로 남을 터였다.

이런저런 생각을 하는 동안 승화원 직원은 자석으로 고인의 유골에서 못과 보철물을 골라내고 있었다. 그런데 자석에는 붙지 않는 까맣게 탄 동그란 무언가가 있었다. 몇 번이나 자석을 대어 보아도 미동하지 않자 직원은 그것을 손으로 집어 무엇인지 확인했다.

동전이었다.

새까맣게 탄 동전은 하나가 아니었다. 직원이 집게와 손으로 유골을 훑어 찾아낸 동전들은 거의 한 움큼이었다. 화장이 끝난 고인의 유골에서 이런 식으로 동전이 발견되는 것은 있을 수 없는 일이다. 제대로 염을 하고 수의를 입혔다면, 그리고 그전에 경찰조사 단계에서 제대로 소지한 금품을 확인했다면 이런 식으로 동전과 함께 화장될 수 없기 때문이다. 전혀 예상치 못한 물건이 나오자 뒤쪽에 있던 장례지도사가 혀를 차며 말했다.

"쯧…… 투신한 시신이라고 장례식장에서 보디 백을 풀지 않고 그대로 입관했나 보네."

장례식장은 차치하더라도 분명히 경찰이 수사를 진행했을 시신에서 동전이 나왔다는 점이 놀라웠다. 시신을 수습하면 보통 주머니를 뒤져 소지하고 있는 금품을 모두 꺼내니까.

"여기 나온 동전들은 폐기할까요?"

유리 너머에 있는 내게 직원이 물었다. 나는 잠시 망설이다 폐기하지 말아 달라고, 내가 챙겨 가겠다고 대답했다. 직원은 선반에서 손바닥만 한 종이 가방을 꺼내더니 거기에 동전을 담아 주었다.

그 당시는 감염병이 확산된 터라 복지관을 비롯한 돌봄기관들이 문을 닫고 비대면 소통을 해야만 하던 때였다. 나눔과 나눔이 장례를 약속한 어르신들은 유례없는 단절을 경험하며 "삶이 지옥 같다."라고 만날 때마다 이야기했다. 아흔이 넘은 고인이 괴로웠던 이유도 외로움이었을까. 그 이유에 대해선 잘 모르겠다. 다만 고인은 스스로에게 남아 있는 선택지가 하나뿐이라고 여겼던 것 같다.

아흔이 넘은 고인의 유골에서 나온 그 동전은 사무실 책장 한편에 놓여 있다. 손으로 들면 무언가 들어 있다는 것만 알 수 있을 정도로 가벼운 한 움큼의 동전들이 든 종이 가방. 당시 동전을 폐기하겠느냐고 물어 오는 직원에게 왜 나는 그렇게 해 달라고 대답할 수 없었을까. 솔직히 그 순간에는 이유를 알지 못했다. 그저 '폐기하면 안 될 것 같다.'라는 막연한 생각뿐이었다. 그런데 시간이 흐르고 그날의 장례를 되짚어 본 후에야 알 수 있었다. 그 동전들이 마치 고인의 삶에 대한 잔금처럼 느껴졌다는 것을.

평균 수명대로라면 앞으로 살날이 아득히 많았던 청년과 얼마 남지 않았을 삶을 스스로 끝낸 노인의 죽음. 그 둘 모두 '때 이른 죽음'이 아닐까?

2장

무연고사망자가
아닙니다

원해도 치를 수 없는
동생의 장례

한국에서의 빈곤은 벗어날 수 없는 굴레와 같아서 한 번 가족의 시신을 위임한 사람은 같은 상황에 놓였을 때 똑같은 선택을 할 수밖에 없다. 그러다 보니 익숙한 얼굴을 다시 마주해야 할 때가 생긴다.

한번은 장례의뢰 공문을 읽다가 익숙한 이름이 눈에 들어왔다. 무연고사망자 공영장례를 치르며 가장 만나고 싶지 않은 순간. 공문 속 시신처리위임서의 위임자 이름을 데이터베이스에 검색했다. 아니나 다를까, 참여자 목록에서 전화번호가 일치하는 사람이 나왔다.

나는 잠시 기억을 더듬었다. 4개월 전에 치렀던 장례가 떠올랐다. 어쩔 수 없이 동생의 시신을 위임하면서 유골은 부모님을 모신 선산에 뿌리고 싶으니 꼭 반환해 달라고 요청했던, 다섯 형제 중에 맏형이라고 스스로를 소개했던 노인이 생각났다. 그는 오래전 넷째와 막내를 떠나 보내고, 이번에 셋째까지 보내면서 남은 형제라고는 바로 아래 동생인 둘째뿐이라고 했다. 그 기억이 정확하다면 이제 노인을 제외한 모든 형제가 세상을 떠난 것이다.

고인의 사체검안서 속 직접 사인을 보고 탄식이 새어 나왔다. 목맴. 간결한 그 두 음절이 마음을 어지럽혔다. 그리고 마지막 남은 유일한 형제가 집에서 스스로 목숨을 끊었다는 사실이, 형제의 장례를 치를 수 없는 이 상황이 노인을 얼마나 괴롭히고 있을지 걱정되었다. 공문 속 내용을 살펴보니 노인은 이번에도 지난번과 동일한 요청을 했다.

'동생의 유골을 부모님을 모신 선산에 뿌리고 싶습니다.'

다행히도 담당 주무관은 그 요청을 받아들였고, 노인이 유골을 반환받을 수 있도록 공문을 작성했다. 그런데 그때 의문이 들었다.

'정말 다행인 걸까?'

최선은 노인이 직접 장례를 치르는 것이고, 그보다 더 최선은 고인이 스스로 목숨을 끊지 않은 상황일 테다. 나는 이

애도하는 게 일입니다

런 가정들을 계속 생각하다가 이내 떨쳐 버리려고 애써 노력했다. 그리고 공문을 얼른 가방에 챙겨 넣었다. 너무 깊이 몰입하면 안 된다. 이런 생각들에 사로잡히면 지켜야 할 선을 못 지키게 될 수도 있으니까.

    장례를 치르기 위해 승화원으로 가던 중이었다. 나는 불광역에서 버스를 기다리며 다시 한번 공문을 살폈다. 이미 여러 번 봤기에 공문은 구겨져 너덜너덜했다. 경찰조사서와 검시필증의 내용까지 전부 외웠는데도 내가 공문을 반복해서 읽었던 것은 긴장이 됐기 때문이다. 이미 한 번 보았던 사람이니까 장례를 진행할 때 더 조심해야겠다는 생각에 사로잡혀 있었다.

    버스에 올라 자리에 앉자마자 에어컨 방향을 내게로 돌렸다. 더위와 걱정, 긴장 때문에 등줄기가 땀으로 젖어 있었다. 등받이에 기대어 창밖 풍경을 보며 잠시 쉬고 있는데, 때마침 핸드폰이 울렸다.

    "전화 받았습니다. 서울시 공영장례지원 상담센터의 김민석 팀장입니다."

    "수고가 많으십니다. 오늘 있을 김정환 장례 때문에 전화했어요."

노인의 목소리였다. 끝을 날리는 특유의 말투 때문에 그분이라는 것을 바로 알 수 있었다.

"지금 승화원에 도착했는데, 어디로 가면 됩니까?"

"접수실 건물 2층으로 올라가시면 공영장례 빈소가 있습니다. 한 시간 빨리 오셨기 때문에 조금 기다리셔야 해요. 아마 아홉 시 삼십 분쯤 의전업체분들이 제물상을 차리실 겁니다. 그때까지 빈소에서 기다려 주세요. 저도 그때쯤 도착할 예정입니다."

"예. 기억나네요. 고맙습니다."

4개월 전의 장례가 떠올랐는지 노인은 더 물어보지 않고 전화를 끊었다. 대부분의 사람들에게 승화원은 낯선 공간이고, 그 때문에 빈소를 찾는 데 애를 먹곤 한다. 노인도 4개월 전에는 나에게 여러 번 전화로 빈소의 위치를 물었었다. 나는 혹시나 또 전화가 올까 싶어 버스에서 내내 핸드폰을 손에 쥐고 있었다. 하지만 이후로 핸드폰이 울리는 일은 없었다.

내가 빈소에 도착했을 때 노인은 의전업체의 장례지도사와 대화를 나누고 있었다. 그런데 그의 목소리가 어쩐지 분노로 가득했다. 무슨 일인가 싶어 간단히 목례를 하고 그의 이야기를 들었다. 노인의 목소리가 떨리고 있었다.

"저는 개인택시를 운영하고 있고, 아내는 식당을 하고 있

애도하는 게 일입니다

어요. 코로나 때문에 어렵긴 하지만 그렇다고 돈을 못 버는 건 아닙니다. 이번에도 동생을 무연고로 보낼 수 없어서 어떻게든 장례를 치르려고 했어요. 근데 지난번과 똑같은 이유로 사망진단서를 발급해 줄 수 없대요. 의료법인지 뭔지 말도 안 되는 이유 때문에 맏형인 제가 동생의 장례를 치를 수가 없어요. 그것도 두 번이나! 당최 이해가 안 갑니다. 이게 말이 되는 일입니까? 오늘 화장하는 거 보려고 동생의 직장 동료 스무 명이 왔어요! 가장 큰형인 내가 그 사람들에게 구구절절 왜 동생을 무연고로 장례를 치르는지 설명해야 하고, 그들에게 빈소에서 육개장 한 그릇 대접하지 못하는 게 말이나 됩니까? 답답해 미치겠어요."

노인은 경제적인 이유 때문에 동생들을 무연고로 보내는 것이 아니었다. 의료법. 정확히는 '의료법 제17조(진단서 등)'에 대한 법률 때문이었다. 장사법과 의료법의 충돌은 시급하게 고쳐야 할 법의 허점이다. 장사법에서 이야기하는 '장례를 치를 권리를 가진 사람' 중 혈연으로 이루어진 관계는 형제까지다. 즉, 형제는 장례를 치를 수 있다는 것이다. 하지만 의료법 제17조(진단서 등) 때문에 형제가 장례를 치르지 못하는 경우가 발생한다. '형제가 사망진단서를 발급받을 수 있는 경우'는 '직계 존속·비속이 없는 경우'에 가능하다고 명시되어

있기 때문이다. 문제가 되는 지점은 이 '없는 경우'의 모호함
이다.

거의 외우다시피 한 고인의 공문을 다시 떠올렸다. 공문
에는 자녀의 시신처리위임서가 함께 첨부되어 있었다. 아마
고인의 자녀는 시신을 위임하고 연락을 거부했을 것이고, 그
의 도움을 받을 수 없었던 노인은 사망진단서를 발급받지 못
했을 것이다. 사망진단서가 없으면 발인이 불가능하다. 결국
이러지도 저러지도 못하고 동생을 무연고로 보내게 되었을
것이다. 기억을 더듬어 보니 4개월 전에 고인이 된, 노인의 셋
째 동생의 공문에도 자녀의 시신처리위임서가 첨부되어 있
었다. 노인은 그렇게 4개월 간격으로 동생 둘을 무연고로 떠
나보내야 했다. 본인의 의사와 상관없이.

동생의 상주를 맡아 술과 큰절을 올리는 노인의 모습이
굉장히 지쳐 보였다.

"그래도 둘째 유골까지 선산에 뿌릴 수 있어서 다행이네요."

전혀 다행스럽지 않은 표정으로 나직이 말하는 노인에게
나는 감히 위로의 말을 건넬 수 없었다. 그저 오늘 있을 장례
가 어떻게 진행될지 설명하고 조용히 그의 곁에 앉아 있는 것
말고는 아무것도 할 수 없었다.

장례식이 끝나고 운구를 위해 노인과 건물 밖으로 나갔

다. 잠시 두리번거리던 노인은 동생의 위패를 내게 맡기고 전화를 걸며 어딘가로 향했다. 동생의 직장 동료들을 찾으러 간 모양이었다. 잠시 기다리자 노인 뒤로 건장한 중년의 남성 스무 명이 따라왔다. 나는 살짝 옆으로 비켜서서 사람들을 바라보았다. 어쩐지 그 누구도 이 장례를 무연고 장례로 보지 못할 거라는 생각이 들었다.

많은 사람들 덕분에 운구는 부드럽게 진행되었다. 보통때 같으면 의전업체의 장례지도사 두 사람과 함께 고인의 관을 끙끙대며 카트에 올릴 텐데, 사람이 차고 넘치는 바람에 운구를 도울 필요도 없었다. 사람이 많으니 승화원 직원이 카트를 밀 필요도 없었다.

곧이어 보통의 장례와 동일한, 검은 옷의 장엄한 행렬이 이어졌다. 사람들은 화로로 들어가는 고인의 관을 바라보며 저마다의 방식으로 마지막 인사를 건넸다. 화로의 문이 닫히자 노인은 관망실에서 나와 동생의 직장 동료들에게 오늘 저녁에 자신의 아내가 하는 식당으로 꼭 오라고 신신당부를 했다. 식사라도 제대로 대접해야 마음이 편할 것 같다며 연신 고맙다는 인사를 반복하는 노인에게 고인의 직장 동료들도 꼭 그렇게 하겠다고, 저녁에 뵙겠다고 인사를 하며 화장장을 떠났다.

사람들을 배웅한 뒤 노인은 다시 화로 앞으로 돌아와 한참 동안 우두커니 서 있었다. 그런 그에게 나는 차마 위패를 모시고 유족대기실로 이동하자는 말을 하지 못했다. 그렇게 얼마의 시간이 흘렀을까. 노인이 쓸쓸하게 웃으며 입을 열었다.

"얘가 나랑 네 살 차입니다. 동생은 아직 칠십도 안 됐어요. 내가 죽어도 동생이 네 명이니까, 나는 내 장례 걱정은 안 해도 될 줄 알았어요. 설마 동생들 유골을 내가 다 뿌리게 될 줄은 몰랐네요. 그중 둘은 장례도 못 치러 줬어요. 내가 먼저 가야 했는데……. 얘들이 아니라 내가 먼저 가야 했는데…… 정작 나는 안 가고 동생들만 전부 가 버렸네…… 내가 가야 했는데……."

넋두리처럼 혼자 중얼거리는 노인을 위로할 수 있는 말은 없었다. 그저 화장이 끝나기를 기다리며 노인 옆에 함께 서 있을 뿐이었다.

화장이 모두 끝나자 노인은 갈 길이 머니 동생의 지방을 대신 잘 소지해 달라는 부탁과 함께 허리 숙여 고마움의 인사를 전했다. 나 역시 오늘 하루 고생 많으셨다고, 동생분 잘 모시고 가시라 인사하며 명함을 건넸다. 그러자 명함을 받아 든 노인은 이미 지갑에 하나 있다면서 멋쩍게 웃고는 부모님을 모신 선산으로 향해 갔다.

무연고로 장례를 치를 이유가 없는 고인이 제도적인 허점 때문에 무연고사망자가 되는 이 상황을 어떻게 바꿀 수 있을까? 동생의 유골함을 품에 안고 승화원을 내려가는 노인의 뒷모습을 잠시 바라보면서 마음속에 자리한 숙제 때문에 마음이 무거워졌다.

고인은 말이 없고, 가족들은 시신을 위임했다는 죄책감에 민원을 넣지 못한다. 오늘 만난 노인도 두 번이나 억울한 일을 겪었지만 모두 끝난 마당에 구태여 소란을 만들고 싶지 않다고 했다.

'제도적인 모순은 고쳐지지 않고 반복되고 있다. 그렇다면 어떻게 바꾸어야 할까? 의료법만 고치면 해결될 문제일까? 법은 한순간에 바뀌지 않는데, 지금 당장 해결할 방법이 없을까?'

어지러운 생각을 잠시 멈추고 마지막으로 고인의 지방을 소지(燒紙)했다. 그날따라 고인의 지방이 재가 되어 날아가지 않고 원래의 모습 그대로 이름까지 선명하게 회색으로 물들어 남아 있었다. 그 선명한 이름 석 자를 바라보는데, 내 머릿속에 어느새 노인의 말이 떠올랐다.

"설마 동생들 유골을 내가 다 뿌리게 될 줄은 몰랐네요. 그중 둘은 장례도 못 치러 줬어요. 내가 먼저 가야 했는데……. 얘들이 아니라 내가 먼저 가야 했는데…… 정작 나는 안 가고 동생들만 전부 가 버렸네…… 내가 가야 했는데…….”

집에 가자

"아들이 비행기를 타고 고향으로 온다 그랬는데, 아직까지 연락이 없어요. 어떻게 된 건지 알아봐 주시겠어요?"

한 외국인 어머니가 자신의 아들과 연락이 안 된다며 대사관에 도움을 요청했고, 대사관 역시 당사자와 연락이 닿지 않자 경찰에 협조를 구해 상황을 파악했다.

남자에게는 아내와 열 살 무렵의 아이가 있었다. 책임져야 할 가정이 있던 그는 돈을 벌기 위해 한국에 왔다. 농장에서 주말도 없이 일을 했고, 그 탓에 몸은 점점 망가져 갔다.

한국에서 일한 지 3년 차가 되었을 때, 그는 자신의 몸이 보내는 이상 신호를 감지했다. 하지만 혹독한 노동 환경은 스스로의 건강을 돌볼 여유를 주지 않았다. 그는 도저히 일할 수 없을 지경까지 몸이 망가진 후에야 일을 멈출 수 있었다.

그는 건강을 회복하기 위해 대사관의 지원을 받아 고향에 있는 가족들에게 돌아가려고 했다. 대사관 직원은 비행기를 예약해 주면서 고향에 있는 그의 가족들에게 비행기 도착 예정 시간을 알렸다. 만약 이 모든 일이 예정대로 되었다면 그는 지금쯤 가족의 곁에서 휴식을 취하고 있었을 것이다.

하지만 현실은 잔혹했다. 비행기를 타고 가족들 곁으로 돌아갔어야 할 그는 국립의료원 병상에 누워 있었다. 결핵균이 온몸은 물론 뇌까지 퍼져 피를 토하고 있었다. 살고자 온 한국에서 그는 건강을 잃었고 결국 목숨까지 잃고 말았다. 그의 나이 고작 서른이었다.

가족들은 그의 시신을 고향으로 이송할 방법을 찾지 못했다. 결국 그들은 시신처리위임서를 작성해야만 했다.

장례가 치러지던 날, 그의 형제와 대사관의 직원이 빈소에 찾아왔다. 대사관 직원은 한국어를 모르는 그의 형제를 위해 장례가 진행되는 내내 통역을 해 주었다. 그리고 고향에 있는 가족들을 위해 SNS로 장례를 실시간 중계했다. 비록 대사관 직원이 어떤 말을 하는지 내가 알아들을 수는 없었지만,

장례의 한순간도 놓치지 않고 전달하고자 하는 그의 진심은 고스란히 느껴졌다.

그의 관이 화로로 들어가는 순간, 대사관 직원이 나직이 말했다.

"따완, 집에 가자."

집에 돌아가겠다고 어머니에게 한 그의 약속이 죽고 나서야 이루어지게 된 것이다.

장례가 진행되는 동안 약간의 소동이 있었다. 대사관 측에서는 장례 당일에 유골함을 받는 걸로 구청과 이야기가 되었는데, 구청이 의전업체에 보낸 공문에는 그런 사항이 적혀 있지 않았던 것이다. 과업을 수행하고 있던 의전업체는 예정대로 유골함을 무연고 추모의 집에 봉안해야 하는 상황이었다.

"코로나19 때문에 오늘 비행기가 이번 달 마지막 비행기이고 이후엔 언제 운항이 재개될지 모릅니다. 반드시 오늘 유골함을 모셔 가야 합니다."

대사관 직원의 말에, 나는 사무실에 연락해 방법을 찾기 시작했다. 타국에서 화장된 아들의 유골을 목 빠지게 기다리고 있을 어머니를 생각하니 팬데믹이 종식될 때까지 기다리게 만드는 것은 안 될 일이었다. 나는 나눔과나눔 직원들과

상의한 내용을 지자체의 주무관에게 알리고 연락이 오기를 기다렸다. 내가 할 수 있는 일은 그것뿐이었다.

초조한 기다림 끝에 '선 조치, 후 행정처리'를 하는 것으로 결론이 났다. 주무관은 재량을 발휘해 당일에 유골을 모셔 갈 수 있도록 조치를 취해 주었다.

장례를 모두 마치고 대사관 직원은 자신이 직접 그의 고향에 찾아갈 것이라고 했다. 고향에서 기다리고 있을 가족들에게 유골함을 전해 줄 것이라고. 그러는 와중에도 그는 내게 장례를 치러 주어서 고맙다며 인사를 했고, 이마저도 가족들에게 통역을 해 주었다.

고인의 어머니가 작성한 시신처리위임서의 위임 사유가 잊히지 않는다.

"가족이 매우 가난하고 어려운 상태이기 때문에 인계가 불가능합니다. 가능하다면, 아들의 얼굴 사진을 찍어 주십시오. 꼭 좀 부탁드립니다."

서울시 무연고사망자들 중에는 외국인도 적지 않다. 대부분은 일하기 위해 한국에 온 사람들이다. 그들은 건강한 몸으로 고향에 있는 가족을 부양하기 위해 오지만, 강도 높은 노동을 버티지 못하고 주저앉고 만다.

애도하는 게 일입니다

어쩌면 우리가 삶에서 누리는 풍족함은, 고된 타향살이를 무릅쓴 이들의 삶을 게걸스레 집어삼키는 비정한 착취 구조에서 비롯된 것인지도 모르겠다. 그렇다면 마땅히 그 값을 지불해야 함에도 우리는 아주 오랫동안 그 사실을 외면하고 있는 건 아닐까.

서울 시민이 아니면
술도 못 올려요?

승화원으로 이동 중인 버스 안에서 전화를 한 통 받았다. 장례에 참여하고자 하는 가족의 전화였다. 자신의 아버지가 무연고사망자로 오늘 승화원에서 화장될 예정이라는 안내를 받았는데 어디로 이동하면 되는지 물었다. 나는 얼른 핸드폰으로 일정을 확인했다.

"혹시 아버님 존함이 어떻게 되시나요?"

"아버지 이름은 '남선우'이고요. 오늘 열두 시에 화장이 예약되어 있다고 들었어요."

이상한 일이었다. 그날 장례를 치르는 고인들은 모두 열한 시에 화장이 잡혀 있었다. 아무리 일정표를 뒤져 보아도

애도하는 게 일입니다

추가적인 화장 일정을 찾을 수 없었다. 그리고 결정적으로 나눔과나눔의 무연고사망자 데이터베이스에 남선우라는 고인의 이름은 존재하지 않았다. 혹시 몰라 웹팩스와 메일함을 살펴보았지만 그 이름이 적힌 공문을 찾을 수가 없었다.

이쯤 되자 나는 고인이 서울 시민이 아닐 수도 있겠다는 생각이 들었다. 조심스레 고인이 어느 지역 사람인지 물어보았다. 그러자 예상했던 대답이 돌아왔다.

"아버지는 파주 분이에요. 검색해 보니까 서울시립승화원에 공영장례 빈소가 있다는데…… 거기서 무연고자분들 장례도 치러진다고 봤고요. 아닌가요?"

서울시립승화원이 고양시와 파주시에서도 이용하는 화장장이라 거기에 마련된 공영장례 빈소가 인근 지역과 공유될 것이라는, 충분히 생길 수 있는 오해였다. 하지만 서울시립승화원의 공영장례 빈소는 서울시 예산으로 운영되는 공간이다. 파주시를 비롯한 타 시군구의 무연고사망자 장례는 이곳에서 치러지지 않는다. 얼마 전 타 지자체의 공영장례 실태에 대해 알아본 바로는, 파주시는 공영장례를 시행하고 있지 않았다. 따라서 자녀의 아버지는 별도의 장례식 없이 안치실에서 바로 화장장으로 이동해 화장 처리될 것으로 추측되었다.

나는 착잡한 마음으로 자초지종을 설명했다. 그러자 자녀는 울먹이며 억울함을 쏟아 냈다.

"공영장례 빈소가 있다고 하길래 아버지가 좋아하시는 술을 사 왔어요. 아버지가 서울 시민이 아니라서 저는 술 한잔 올리지도 못하는 건가요?"

"경기도에서도 공영장례를 운영하고 있는 것으로 알고 있어요. 혹시 지자체 주무관에게 안내받으신 게 없나요?"

"지자체에선 아무런 안내를 못 받았어요. 오늘 화장 일정도 제가 장례식장에 물어봐서 알게 된 거예요. 저는 장례가 처음이라 어떻게 해야 하는지 아무것도 몰라요. 운구차 기사님은 운구만 끝나면 바로 가실 거래요. 혹시 지금이라도 나눔과나눔에 장례를 신청하면 안 될까요?"

자녀의 말에 생각이 많아졌다. 아무런 준비가 되어 있지 않은, 그것도 화장 시간까지 세 시간가량 남은 상황에서 내가 준비할 수 있는 게 없었다. 하다못해 하루 전에라도 연락이 닿았다면 제물이라도 챙길 수 있었을 텐데.

"지금 상황에선 아무것도 확답드릴 수가 없어요. 일단 서울시 무연고사망자분들보다 화장 시간이 한 시간 정도 늦으니 다른 방법이 없을지 고민해 볼게요. 장례식은 못 하더라도 화장장 안내는 제가 할 수 있으니 너무 걱정 마시고요."

애도하는 게 일입니다

내 말에 자녀는 조금은 진정된 목소리로 알겠다고 대답하고는 전화를 끊었다. 핸드폰을 보니 어느덧 아홉 시 오십 분이었다. 버스에서 내려 승화원으로 올라가며 생각을 정리했다. 화장 시간이 열두 시일 경우 운구는 열한 시 사십 분부터 시작된다. 서울시 공영장례의 모든 일정이 열두 시 반에 끝나면 일정이 겹치기에, 나는 몇 가지 판단을 내려야 했다.

'서울시 공영장례가 진행되는 도중에 빠져나와 파주시의 무연고사망자의 장례를 지원할 것인가? 지원의 범위는 어디까지로 할 건가? 빈소에 제물상을 마련할 것인가? 어느 장소를 이용할 것인가?'

차근히 생각하자 조금씩 그림이 그려지기 시작했다. 서울시 공영장례에는 서울시와 계약한 의전업체의 장례지도사가 두 사람이나 붙어 있었다. 내가 도중에 빠진다고 해서 장례를 마무리하는 데 어려움이 생기진 않을 터였다.

아버지에게 술 한잔 올리지도 못하는 거냐며 울먹이던 자녀의 목소리가 떠올라 차마 화장장에서의 일정 안내만 할 수가 없었다. 가능하다면 제물상을 차려 공영장례만큼의 장례식을 지원하고 싶었다. 의전업체의 장례지도사들이 선의로 제물을 내어 주기만 한다면 새로 상을 차리는 것이 별로 어려운 일은 아닐 것 같았다.

열한 시 사십 분이면 공영장례 빈소에서는 철상(撤床)이 진행된다. 평소라면 열두 시까지 시간을 꽉 채워 빈소를 운영하겠지만, 철상한 김에 새로 제물상을 차리고 그때부터 장례식을 진행할 수도 있을 것 같았다. 현장의 실무자들이 양해를 해 주어야겠지만 말이다.

빈소에 도착해서 서울시 무연고사망자의 예식을 마치고 나는 내내 생각했던 내용들을 의전업체 장례지도사들에게 공유했다. 다행히 그들은 그렇게 하는 것이 인지상정이라며 제물상과 빈소를 모두 내어 주겠다고 했다. 자원활동가들도 동의해 주었다.

"여기는 우리한테 맡기고 그 자녀분을 챙겨 주세요. 많이 당황했을 텐데 당연히 도와야죠."

아무런 이해관계도 없는 사람들의 선의로 그렇게 장례가 준비되기 시작했다.

열한 시 삼십 분쯤 나는 고인의 자녀에게 연락을 했다. 자녀는 서울시립승화원의 접수실 건물 밖에서 초조하게 나를 기다리고 있었다.

"아버님은 어느 차에 계신가요? 기사님을 만나서 화로에 들어가는 순서를 물어봐야 해요."

자녀는 내 물음에 뒤쪽에 주차되어 있는 운구차를 가리

켰다.

"저쪽에 계세요. 운구만 하고 바로 가실 거라고 하네요."

나는 자녀에게 잠시 기다려 달라 말한 뒤 운구차로 갔다. 자녀의 말에는 납득되지 않는 부분이 있었다. 파주시가 공영 장례를 진행하지 않는다면 장례식장 측에 시신처리를 의뢰했을 것이다. 지자체의 주무관이 직접 염습하고 관을 운구할 수 없으니 대행을 부탁하는 것이다. 이런 경우 관을 운구해 온 기사는 장례의 마무리까지 직접 담당해 사진을 찍어 결과를 보고해야 한다.

그런데 기사가 운구만 마치고 바로 빠져 버리면 화장이 끝난 유골이 어떻게 되는지 주무관은 알 길이 없다. 혹시나 기사가 바로 빠지기 위해 자녀에게 사진 촬영을 부탁한 것이 있나 물어봤더니 그것도 아니었다.

나는 기사에게 물었다.

"안녕하세요. 혹시 파주시 무연고사망자 남선우 님을 모셔 온 기사님인가요?"

운구 기사는 떨떠름한 표정으로 대답했다.

"네. 왜요?"

"시청에서 장례의뢰 공문을 받고 오신 게 맞나요?"

"네."

"그러면 기사님이 화장 끝날 때까지 남아 계셨다가 직접 산골*하셔야 하는 거 아닌가요?"

내 물음에 운구 기사는 기가 막히다는 듯 헛웃음을 지으며 반문했다.

"가족이 왔는데 내가 왜요? 고인에게 가족이 없으면 그때는 내가 하죠."

"시청에서 발송한 공문에 장례식장이 장례 절차를 진행해 달라고 쓰여 있지 않았나요? 가족의 참석 유무는 상관이 없을 것 같아서요. 기사님이 그냥 가 버리시면 여기 온 자녀는 안내를 받을 수가 없잖아요. 장례가 처음이라 어디서 어떻게 기다려야 하는지, 어디로 이동해야 하는지, 산골은 어떻게 하는지 아무것도 모르신대요."

운구 기사는 들을 가치도 없다는 듯 손사래를 치며 등을 돌렸다. 더는 대화가 불가능하겠다 싶어 자녀에게 걸음을 옮기려는 찰나, 운구 기사의 혼잣말이 들렸다.

"나 참. 그 돈 받고 부모 버린 자식 안내까지 하라고?"

쓴웃음이 나왔다.

'아, 그게 본심이었구나.'

---

* 화장한 유골을 지정된 장소나 산·강·바다 등에 뿌리는 것.

애도하는 게 일입니다

화로로 들어가는 카트에 관을 올리자마자 운구 기사는 말 없이 사라졌다. 나는 자녀를 관망실로 안내했고, 화로의 문이 닫힌 뒤 그와 함께 공영장례 빈소로 걸음을 옮겼다.

빈소의 제단에는 제물상이 차려져 있었다. 의전업체 장례 지도사들이 빠르게 상차림을 해 준 덕분이었다. 무연고사망 자라는 이유로 장례식장은 위패조차 만들어 주지 않았다. 때문에 잠시 자녀와 빈소에 앉아 지방에 고인의 이름을 적은 다음 그것을 위패에 끼워 넣고 제단 위에 올렸다. 그러자 비로소 온전한 빈소의 모습이 갖춰졌다. 자원활동가와 장례지도사는 수골을 위해 자리에 없었고, 나는 혼자서 사회와 집례를 보았다.

묵념을 하고, 식사를 올리고, 마침내 술을 올리는 차례가 됐을 때였다.

"아빠…… 이제 아프지 말고, 잘 가요……."

목 메인 듯한 목소리로 인사를 건네며 자녀가 들어 올린 잔에는 생전에 남선우 님이 좋아하셨다던 술이 한가득 찰랑이고 있었다.

나는 모든 절차가 마무리될 때까지 자녀와 동행했다. 무심코 화장장을 둘러보았다. 이곳에 혼자 있는 사람은 없었다. 가장 인원이 적어 보이는 무리도 장례지도사와 함께였다. 보

통 사람들에게 화장장은 많이 낯설고 조금은 두려운 공간일
수도 있겠다는 생각이 들었다. 아무도 없이 이곳에 혼자 온
자녀가 느꼈을 막막함이 어렴풋이 짐작이 갔다.

자녀가 기억하는 아버지는 평범한 사람이었다. 모두가
어려웠던 시절에 태어나 평범하게 살았고, IMF 시기에 무너
지고 말았다. 빈곤으로 한 번 무너진 삶은 아무리 노력해도
다시 일으켜 세울 수 없었다. 폐허가 된 삶 속에서 남선우 님
이 의지했던 것은 술이었다. 그러나 그 술 때문에 그는 폐허
속에서 함께 버티며 살던 가족들을 더는 마주 볼 수 없게 되
었다.

남선우 님의 소식은 오랫동안 단절된 관계로 지냈던 자녀
에게 부고로 전달되었다. 실직 상태였던 자녀는 미안함과 막
막함을 안고 시신처리위임서에 서명을 했다. 서울시 무연고
사망자 공영장례를 치르면서 숱하게 들어온 것과 다를 바 없
는 평범한 이야기였다. 유일하게 다른 점은 남선우 님이 파주
시의 무연고사망자라는 것이다.

아버지의 유골을 직접 유택동산에 산골하고 승화원을 떠
나는 자녀의 뒷모습을 지켜보며 나는 걱정과 고민 속에 침잠
했다. 실무자들과 자원활동가들의 선의로 남선우 님의 장례

애도하는 게 일입니다

는 무사히 치러졌다. 자녀가 원하는 장례였는지는 알 수 없지만, 적어도 서울시가 허락하는 만큼의 시간과 공간은 제공할 수 있었다. 분명 잘된 일인데 마음은 전혀 개운하지 않았다. '선의'라는 두 음절이 자꾸만 머릿속을 떠다녔다.

자녀가 직접 찾아보고 나눔과나눔에 연락하지 않았다면 남선우 님은 보건 위생을 위해 '처리'되었을 것이다. 그랬다면 애도할 시간과 공간을 제공받지 못한 자녀는 화장장에 덩그러니 혼자 남아 버려야 했을 것이다. 그런 자녀에게 필요한 것은 선의가 아니라 '제도적 지원'이 아닐까.

지하철 안에서 '경기도 공영장례 조례'를 검색하자 수많은 보도자료가 쏟아져 나왔다. 그중 우수 조례를 수상했다는 기사에서 시선이 멈췄다. 그리고 이 제도가 잘 정착되기를 바란다는 기사 내용에 울먹이던 자녀의 목소리가 떠올랐다.

"아버지가 서울 시민이 아니라서 저는 술 한잔 올리지도 못하는 건가요?"

아이들을 위한 것은
분노의 화염병이 아니다

얼마 전 아동학대 사건 하나가 전국을 떠들썩하게 만든 적이 있었다. 사람들은 분노하며 가해자의 형량을 늘려 달라는 진정서를 쓰기 시작했다. 언론은 쉴 새 없이 사건의 끔찍함과 가해자의 악랄함에 대해 보도했다.

그런 와중에 나눔과나눔에도 취재 요청이 들어오기 시작했다. 홈페이지에 올라가는 에세이 중 무연고 아기 장례에 대한 글을 보고 연락한 것이었다. 기자는 천편일률적인 보도 내용과는 다른 이야기를 쓰고 싶었던 듯했다.

하지만 아동학대와 무연고 아기 장례를 엮는 것은 위험한 일이다. 병원이 아닌 거리나 집에서 사망했다고 해서 그걸 고의적인 학대로 단정 지어서는 안 된다.

사람들은 무연고 아기일 경우 부모의 방치와 학대 끝에 버려진 것이라고 추측한다고 한다. 이 얼마나 편견 가득한 생각인가. 그런데 내가 나눔과나눔에서 만난 무연고 아기의 부모들 중 상당수는 아기를 살리고자 했다. 문제는 개인의 의지만으로 아기를 살릴 수 없었다는 것이다.

어떤 아기들은 병원이 아닌 곳에서 태어나기도 한다. 그 장소는 산이기도 하고 낡은 모텔 방이기도 하다. 그런 경우, 생모는 스스로 탯줄을 끊고 본인이 할 수 있는 조치를 취한다. 하지만 전문 의료인의 도움 없이 아기가 무사히 태어나는 것은 어려운 일이다. 결국 아기는 태어나자마자 사망하거나, 이미 사망한 채로 세상에 나온다.

이때 대부분의 생모는 빈곤하다는 이유로, 또 주민등록이 되어 있지 않다는 이유로 병원에 가지 못한다. 그렇기 때문에 장례를 치를 수도 없다. 장례를 치르려고 해도 결국 돈이 필요하니까.

이주 노동자인 생모가 시신처리위임서에 적은 문구가 기억난다.

"no have money."

무연고사망자의 시신처리위임서에 자주 등장하는 위임 사유는 아기라고 해서 별반 다르지 않다. 열 달을 품어 어렵게 아기를 출산하더라도 돈이 없으면 양육할 수가 없다. 혹시라도 아기에게 난치병이 있거나 장애가 있으면 양육보다 생존이 문제가 되고 만다.

한번은 아기를 품고 오르막길을 오른 생모가 베이비박스의 사용법을 모르고 근처 박스 위에 아기를 뉘었는데, 아기가 몸을 뒤척이다 바닥으로 떨어져 사망한 일도 있었다. 생모는 자신이 감당할 수 없다는 판단이 들었을 때 아기를 살리고자 베이비박스를 찾아갔을 것이다. 설마 밤사이 아기가 추락해 사망할 것이라곤 생각지도 못하고.

무연고 아기 장례에 대한 기사가 나갈 때마다 걱정되는 부분이 있다. 기사가 어떤 의도를 담고 있지 않아도, 사람들은 너무도 손쉽게 생모를 비난한다는 것이다. 댓글을 보면, 그들에게는 생모가 겪었을 좌절과 막막함은 중요하지 않은 것 같다. 생모가 왜 그렇게밖에 할 수 없었는지는 생각지 않고 자신이 낳은 아기를 무책임하게 버렸다는 것만 이야기한다.

낙태죄가 위헌으로 결론이 나기 전, 원치 않은 임신일 경우 임신중절수술을 받는 일은 늘 암묵적으로 있었다. 그럼에

도 아기를 낳았다는 것은, 그 아이를 키우겠다는 생모의 의지
가 만들어 낸 결과다. 아기의 이름이 그 의지의 명확한 증거
다. 출생신고가 되지 않아 공문에 '성명불상'으로 적힌 아기
들에게도 사실은 이름이 있다. 이름까지 미리 생각해 두었다
는 것만큼 확실한 증거가 또 있을까?

적어도 나눔과나눔이 장례를 치른 아기들은 버려지지 않
았다. 생모 혹은 드물게 생부가 함께 참여해 마지막을 배웅하
기도 했고, 설령 누군가 오지 않더라도 자원활동가와 시민들
이 함께했다. 마지막 순간에는 아기가 사회로부터 버림받지
않을 수 있게 안전망이 작동한 것이다. 개중에는 수의를 입을
수 없는 아기를 위해 직접 수를 놓은 배냇저고리를 보내 주
는 시민도 있었는데, 그 저고리에는 짤막한 인사말이 적혀 있
었다.

"아가야, 안녕. 우리가 사랑해."

결국 나는 기자의 취재 요청에 응할 수 없었다. 학대와 연
결 지으려는 기자의 의도와 무연고 아기 장례 사례에는 괴리
가 있고, 때문에 제대로 된 보도로 이어지지 못할 것 같았다.
아쉽지만 다음 기회에 공영장례에 대한 기사로 다시 만나자
고 의례적인 인사를 한 뒤 통화를 종료했다.

기자와 이야기하는 동안 띄워 놓은 포털의 사회면 페이지에는 그가 언급한 학대 사건 기사로 가득했다.

"○○아, 미안해. 우리가 바꿀게."

많은 사람들이 진정서를 써서 보내고 있었다. 가해자들이 감옥에 더 오래 있었으면 좋겠다고, 그들이 더 불행했으면 좋겠다고. 모두가 그런 건 아닐 테지만 나는 어쩐지 분노의 화살이 개인을 향해 있는 것만 같아 아찔했다. 개인을 단죄해도 수많은 아이들은 여전히 학대당할 것이다. 판례가 이후 비슷한 사건들의 형량을 높일 순 있을 테지만 그렇다고 해서 범죄가, 학대가 사라지지는 않을 것이다.

그렇다면 더 이상 아이들이 죽지 않게 하려면 무엇이 필요할까? 나는 해당 분야의 전문가가 아니라 잘 모르겠다. 하지만 이것은 분명히 알고 있다. 분노는 잠시 타오르다 휘발되고 만다는 것을. 분노는 시스템을 바꾸지 못하고 사건 자체를 잊게 만든다는 것을.

돌봄과 양육, 국가의 책임, 제도적인 안전망 같은 논의들이 자극적인 키워드에 설 자리를 뺏기고 있다. 이 상황이 지속된다면, 여전히 아이들은 학대당할 것이다. 시간이 흘렀을 때, 우리는 수십 번의 신고에도 작동하지 않았던 시커먼 제도의 구멍을 애써 외면할 수밖에 없을 것이다. 그걸 메울 생각은 하지 못하고 분노의 화염병을 던지느라 바빴을 테니까.

주말에 있을 장례가 생각났다. 작년에 태어나 한 해를 버티지 못하고 죽은 아기. 사과 상자만 한 작은 관을 들 생각에 덜컥 겁이 났다. 승화원에도 가고 싶지 않았다. 나도 편협한 사람이라, 아기의 죽음에 더 크게 동요한다. 아무렇지 않을 리가 없다.

단발의 분노가 아닌 더 넓은 범위의 논의, 꾸준하고 지속적인 관심이 필요하다. 사람들이 지치지 않고 제도의 구멍을 바라봐야 한다. 그래서 결국엔 시스템이 변화했으면 좋겠다. 제도의 구멍이 메워졌으면 좋겠다.

깜빡한 사람

　일반적으로 장례는 삼일장으로 치러진다. 따라서 고인이 장례식장과 병원의 안치실에 머무는 기간은 길어 봐야 사흘에서 나흘 정도다. 하지만 무연고사망자의 경우는 조금 다르다. 병원이 아닌 곳에서 사망하면 경찰 수사가 선행되어야 하고, 병원에서 사망하더라도 공부상(公簿上)*의 연고자를 파악하고 시신 인수 여부에 대한 의사를 묻기까지 어쩔 수 없는 행정적인 시간 소요가 발생하기 때문이다. 이 모든 절차를 밟고 나면 무연고사망자의 안치 기간은 평균 한 달 정도가 된

---

* 　관청이나 관공서에서 법규에 따라 작성하여 비치하는 장부에 따르는 것, 혹은 그것과 관계된 입장.

다. 고인은 그 기간 동안 계속 차가운 안치실에 있어야 한다.

안타까운 점은 한 달이라는 기간이 꽤 준수한 편이라는 것이다. 평균적으로 한 달이 걸린다고 했지만, 이 말은 사실 그보다 더 긴 시간이 소요될 수도 있다는 뜻이다. 그렇다 보니 고인을 애도하고자 하는 가족이나 친구, 지인들은 행정 처리가 끝날 때까지 기약 없이 기다려야 한다. 그들은 안치실에 방치된 고인을 생각하며 억장이 무너지는 것을 경험한다. 그 순간 본인이 할 수 있는 일은 아무것도 없다는 것을 실감하며. 장례에 참여한 사람들의 말을 빌리자면 '참으로 피 말리는 시간'이다.

가끔은 안치 기간이 상상을 초월하는 경우를 보기도 한다. 한두 달 정도가 아니라 수개월에서 연 단위로 안치실에 방치되어 있는 고인의 공문을 받으면 그 아득한 시간에 아찔함까지 느껴진다.

왜 이렇게까지 안치 기간이 길어지는 것일까? 앞서 이야기한 것처럼 경찰 수사나 행정 절차에서 시간이 오래 걸릴 수는 있다. 그러나 이 두 가지 이유로 수개월까지 고인이 방치되는 것은 어려운 일이다. 경찰이든 지자체든 고인의 존재를 인지하고 있다면 가능한 한 빨리 장례를 치르고 싶어 한다. 시간이 길어질수록 민원 발생의 우려가 커지기 때문이다.

문제는 이들이 고인의 존재를 인지하지 못할 때 발생한다. 초겨울에 사망해 봄에 화장된 고인이 딱 그런 경우였다. 병원에서 숨을 거둔 고인은 그대로 병원 장례식장에 안치되었다. 보통의 절차대로라면 병원이나 장례식장은 고인의 연고자 파악 및 시신 인계를 위해 지자체에 공문을 보내야 했다. 그래야 담당 주무관이 가족이 나타나지 않은 고인이 있다는 것을 파악하고 그에 맞는 행정 절차를 진행할 수 있으니까. 하지만 어떤 이유에선지 병원과 장례식장은 공문을 보내지 않았다.

고인이 안치실을 빠져나올 수 있었던 것은 세 들어 살던 집의 주인 덕분이었다. 고인은 생전에 매일같이 술을 마시던 사람이었다. 집주인은 그의 건강 상태를 걱정했다. 몸 상태가 급격히 나빠지자 병원에 입원시킨 것도 집주인이었다. 집주인은 그가 치료를 받고 몸이 회복되면 집으로 돌아올 줄 알았을 것이다. 하지만 아무리 기다려도 퇴원 소식은 들려오지 않았다.

집주인은 기다리다 못해 직접 병원에 찾아갔다. 그런데 병원으로부터 황당한 부고를 듣게 된 것이다. 그는 이미 수개월 전에 사망했고, 어떠한 조치도 취해지지 않은 채 안치실에 방치되어 있다는 어처구니없는 이야기를.

집주인은 지자체에 부고를 알렸다. 가족이 아니기에 그가 할 수 있는 일은 그것뿐이었다. 담당 주무관은 뒤늦게 연고자 파악을 시작했다. 알고 보니 고인에게는 별거 중인 아내가 있었다. 아내는 언젠가 남편과 재결합할 수 있을 거라는 생각을 할 만큼 애정이 남아 있었기에 당연히 직접 장례를 치르려고 했다. 그런데 그런 아내에게 병원은 수백만 원에 달하는 안치료 청구서를 내밀었다. 수개월간의 안치료를 모두 지불해야 장례를 시작할 수 있다면서.

결국 아내는 시신처리위임서를 작성할 수밖에 없었다. 이미 발생한 안치료에 장례 비용까지 더하면 천만 원 이상이었고, 그 비용을 감당하기란 쉽지 않았을 것이다.

"만약 사망 사실을 빨리 알았다면 장례를 치렀을 거예요. 병원과 장례식장은 왜 가족을 찾지 않았을까요? 본인들이 찾을 수 없다면 지자체에 요청하면 되는 거잖아요. 이해가 안 돼요. 그 오랜 시간 동안 안치실에 방치한 이유가 뭘까요? 안치료가 이미 수백만 원인데, 제가 뭘 할 수 있겠어요?"

아내는 공영장례에 참여하며 울분을 토했다. 고인이 설마 죽었으리라곤, 심지어 안치실에 오랜 시간 방치되어 있을 거라곤 생각지 못했다고. 그래서 자기가 장례를 치러 줄 수도 없을 것이라곤 상상도 못 해 본 일이었다고. 아이들이 모두

자라고 나면 언젠가 다시 합치리라 생각했는데, 이제는 꿈꿀 수도 없다면서 아내는 오열했다.

안치실 사용료는 하루 평균 10만 원 이상 청구된다. 바로 가족이 나타나지 않는 고인이 한 칸을 차지하고 있으면 그 시간만큼 손해가 발생하고, 손해는 고스란히 장례식장의 몫이 된다. 그래서 안치실의 상황판에는 고인이 언제 들어오고 나가는지 그 날짜가 늘 체크되어 있다.

그런데 병원과 장례식장은 왜 그토록 오랜 시간 고인을 방치한 걸까? 여전히 풀리지 않는 의문이긴 하지만, 추측해 보자면 이렇다. 고인이 안치되어 있던 곳은 커다란 부지를 가진 종합병원의 장례식장이었다. 이곳은 작은 장례식장과는 달리 안치실의 규모가 커서 빠른 회전에 굳이 에너지를 쏟지 않았을 수도 있다. 그렇다면 상황판에 고인이 들어온 날짜를 적은 뒤로 그 사실은 천천히 잊혀 갔을 것이다. 그리고 마침내 집주인이 찾아와 고인에 대해 물었을 때야 깨달은 것이다.

"아! 그런 사람이 있었죠?"

애도하는 게 일입니다

볼모로 잡힌 친구의 시신

고독사에 대한 인터뷰가 예정되어 있던 날이었다. 나는 느지막하게 일어나 카페로 향했다. 주문한 음료를 들고 자리에 앉아 메일함의 질문지를 열었다. 기자의 질문은 그다지 새로울 것이 없었지만, 몇 가지 통계를 요구하고 있었다. 나는 최대한 빨리 인터뷰를 끝내고 싶은 마음에 몇 가지 수치를 반복적으로 되뇌었다. 모처럼의 휴가였고, 몰아서 보려고 벼르고 있던 드라마가 엊그제 종영했다. 집으로 돌아가고 싶은 마음만 한가득이었다.

사망일과 장례일이 표기된 데이터베이스를 쭉 살펴보던 중 어마어마한 숫자가 눈에 들어왔다. 안치 기간의 정보를 보여 주는 셀에 독보적으로 커다란 숫자가 출력되어 있었다. 무려 1,000일. 보통 15일에서 30일가량 출력되는 셀에 자리한 네 자리 숫자에 시선을 빼앗겼다. 아무리 보아도 적응이 되지 않는 숫자다.

고인이 1,000일간 안치실에 방치되었던 이유는 병원이 사망진단서 발급을 거부했기 때문이었다. 일반적인 경우에 병원은 무연고사망자의 병원비 수납을 요구하지 않는다. 대체로 의료급여 수급자인 경우가 많아 공단에서 의료수가*를 지급하기도 하고, 단절된 가족이 시신 인수를 위임하거나 기피하는 경우에는 병원비를 청구할 수 없도록 되어 있기 때문이다. 그런데 고인에게 사망 선고를 내린 병원은 구청 측에 사망진단서를 인질 삼아 병원비 정산을 요구했다. 가족이 주지 않는다면 행정주체인 구청에게라도 받아 내겠다는 뜻이었다.

병원비는 적게는 수십에서 수백, 많게는 수천만 원이 발생하기도 한다. 구청에 그런 비용을 감당할 예산이 있을 리가 없다. 결국 당시의 주무관은 본인이 해결할 수 없는 문제 앞에서 손쉬운 방법을 선택했다.

---

* 의료기관에서 의사 등이 환자에게 제공한 의료서비스의 비용.

일단 뒤로 미루는 것.

한 번 미룬 문제가 해결을 위해 다시 수면 위로 떠오르는 일은 없었다. 고인은 안치실에 방치된 채 주무관과 병원, 장례식장의 기억에서 서서히 잊혔다. 그런 고인의 존재를 다시 한번 상기시킨 것은 가족이었다. 동주민센터에서 서류를 떼어 보니 여전히 사망신고가 되어 있지 않은 고인의 이름을 발견한 것이다.

구청은 민원이 들어온 후에야 움직이기 시작했다. 주무관은 자신보다 한참 앞서 일한 전임자의 일 처리에 대해 불평했다. 병원은 여전히 정산을 요구하는 상황이었고, 주무관은 난감해했다. 3년 전과 별반 다르지 않은 상황에 더해진 것은 가족의 민원이었다. 주무관이 생각해도 말이 안 되는 상황이었다. 3년 전에 위임서까지 작성했는데 여전히 화장조차 되지 않아 사망신고를 할 수 없다니. "무연고사망자라 이렇게 막 하는 겁니까!"라고 묻는 가족의 말에 대꾸할 말도 없었을 것이다.

마침내 고인의 장례가 치러지게 됐다. 경찰이 사망진단서 사본을 가지고 있던 덕분이다. 사고 현장에서 발견된 고인은 즉시 병원으로 이송되었고, 병원에서 수술을 받은 후 사망했다. 그 때문에 사고의 경위를 조사하던 경찰이 사망진단서 사본을 수사 목적으로 발급받을 수 있었다. 주무관은 어렵사리 그 사본을 구해 장례의뢰 공문을 시행했다. 3년 만의 일이었다.

곡절이 많았던 만큼 내 기억에 오래도록 남아 있는 장례다. 경찰을 통해 사망진단서 사본을 받는다는 주무관의 기지가 아니었다면 고인은 기약 없이 안치실에 있어야 했을지도 모른다.

기자가 보낸 질문지에는 안치 기간에 대해 묻는 내용이 있었다. 나는 해당 사례를 메모한 뒤에 얼음이 거의 다 녹아 있는 음료를 들이켰다. 시계를 보니 약속 시간이 다 되어 가고 있었다. 나는 턱을 괴고 창밖의 사람들을 구경했다. 고인이 살던 곳은 이 동네에서 멀지 않다. 날이 좋으니 방향만 잘 잡으면 고인이 살던 동네를 볼 수 있을 것만 같았다.

"팀장님, 얘기를 들어도 이해가 잘 안 되네요. 병원이 그렇게까지 할 이유가 있나요? 안치료를 못 받는 고인을 방치하면 그 시간만큼 장례식장이 손해를 보는 거잖아요? 차라리 병원비를 포기하고 얼른 화장을 하는 게 좋은 것 아닌가요? 안치료가 하루 평균 10만 원이라면서요. 안치실이 계속 회전되기만 하면 매일 10만 원을 버는 거잖아요."

애도하는 게 일입니다

고독사에 대한 질문으로 시작된 인터뷰는 병원의 사망진단서 발급 거부에 대한 이야기에서 멈춰 버렸다. 평균 안치 기간과 최장 안치 기간을 묻는 기자에게 3년 동안이나 방치되어 있던 고인의 사례를 이야기하자 질문 공세가 시작된 것이다.

"기자님이 품고 있는 의문을 저도 그대로 가지고 있어요."

핵심을 찌른 기자의 질문에 나 역시 그렇다고 대답했다.

병원이 사망진단서 발급을 거부할 수 있고, 그걸 강제로 받아 낼 수 있는 방법이 없다는 것은 명확했다. 하지만 끝까지 이해되지 않는 것은 병원이 시신을 방치한 이유다. 고인을 안치실에 방치하면 그 시간만큼 다른 고인을 받을 수 없다. 병원 장례식장이 손해를 보는 것이다. 그럼에도 병원은 왜 사망진단서 발급을 거부했을까? 무연고사망자는 병원비를 정산하지 않아도 된다는 선례를 남기는 게 두려워서? 혹시라도 그 사실을 사람들이 악용하게 될까 봐? 뚜렷한 답은 나오지 않았다.

기자는 미간을 찌푸리며 말했다.

"제 생각보다 사각지대가 훨씬 넓은 것 같네요…… 병원이 정말로 또 그렇게 행동할까요?"

"그렇게 하지 않았으면 좋겠네요. 일단 그 병원 장례식장의 안치실에 무연고사망자는 더 없는 것 같으니 앞으로 이런 일이 없길 바라야죠."

기자와의 인터뷰 이후 일주일 정도 시간이 흘렀을 때였다. 늦은 저녁을 먹고 양치를 하던 도중에 업무용 핸드폰이 울렸다. 나는 입에 머금고 있던 치약 거품을 급하게 헹궈 내고 전화를 받았다.

"네, 나눔과나눔의 김민석 팀장입니다."

"아…… 전화를 받으셨네요. 시간이 늦어서 통화가 안 될 줄 알았어요."

나는 업무 시간은 아니지만 급한 상담이라면 가능하다고 말한 뒤 책상 앞에 앉았다.

"답답하고 불안해서 전화드렸어요. 가족이 없는 친구가 한 명 있는데, 곧 죽을 것 같거든요. 그 친구가 사망하고 나면 장례가 어떻게 진행되는지 궁금해서요. 아무도 없다면 제가 할 수도 있는 건가요?"

전화기 너머 내담자는 임종이 임박한 친구의 장례를 본인이 치를 수 있는지 궁금하다며 침착하게 질문했다. 나는 노트에 내담자의 질문을 받아 적으며 그에게 몇 가지를 체크해 보자고 제안했다.

"친구분이 수급비를 받고 계신가요? 받고 있다면 어느 구청의 수급자인가요? 가족관계는 어떻게 되나요? 친구분과 함께 찍은 사진이나 병원비를 대신 납부한 적이 있나요? 선생님이 장례 비용을 모두 부담할 예정인가요?"

내 질문에 내담자는 차분히 대답했다. 덕분에 상담은 부드럽게 진행되었다.

내담자의 친구는 서울에 있는 구청에서 수급비를 받고 있었기 때문에 서울시 공영장례 대상이었다. 따라서 사망 후 행정 처리에 관한 사항을 파악하는 것은 어렵지 않을 것 같았다. 만약 가족이 있어서 시신 인수 여부를 물어봐야 한다면 그 시간은 최대 14일 이상이 소요되는데, 그 친구는 부모님이 모두 사망하고 미혼에 자녀가 없었으므로 무연고사망자로 확정되기까지의 시간이 오래 걸릴 것 같지 않았다.

친구와 오래 알고 지낸 사이이기에 내담자가 관계를 증명할 서류를 준비하는 것은 별로 어렵지 않은 일이었다. 사진, 통화나 문자 내역, 병원비 영수증 등 구청이 요구하는 자료는 모두 제출이 가능한 상황이었다. 그리고 마지막으로 장례를 치를 경제적인 능력이 충분했다. 어쩌면 열흘이 넘는 안치료를 모두 부담해야 할 수도 있고, 그 금액이 만만치 않을 것이라는 내 우려에도 내담자는 걱정하지 말라고 대답했다. 그러곤 친구의 장례를 치르는 데 그 정도는 얼마든지 부담할 수 있다고 했다.

모든 조건이 완벽히 맞아떨어졌기에 나는 내담자와 친구의 이름만 메모해 두고 상담을 종료했다. 장례를 치르고자 하는 의지와 돈, 서류까지 모든 것이 준비되어 있다면 시간이 조금 소요될 뿐 내담자가 장례를 치르지 못할 이유가 없었기 때문이다.

그로부터 며칠 뒤 내담자에게서 다시 연락이 왔다. 그는 친구가 사망했다는 비보를 전했다.

"제가 장례를 치르려면 가장 먼저 해야 할 일이 뭔가요?"

내담자는 한시라도 빨리 친구의 장례를 치르고 싶어 했다. 안치실에 오래도록 두는 것이 마음 편할 리 없었다. 나는 고인이 안치된 병원 장례식장에서 구청으로 장례의뢰 공문을 보내는 것이 첫 번째라고 대답했다.

"병원과 장례식장 측은 지금 당장 가족이 나타나지 않으니 구청으로 무연고사망자 행정 업무를 요청할 거예요. 이건 선생님이 해야 할 일은 아닙니다. 구청과 병원, 장례식장이 알아서 할 일이죠. 하지만 혹시 모르니까 먼저 말씀해 보세요. 친구분에게 가족이 없어서 선생님이 장례를 치를 예정인데, 그러려면 구청이 무연고사망자 행정 업무를 선행해야 한

애도하는 게 일입니다

다고요."

　내담자는 바로 일러두겠다고 대답한 뒤 전화를 끊었다. 주말까지는 아직 시간이 남아 있었기 때문에 조금만 서두른다면 한 주를 넘기지 않고 장례를 치를 수 있을 것 같았다. 해당 구청에 내담자와의 상담 내용을 미리 공유했더니, 주무관이 서류만 충분하다면 얼마든지 공문을 써 주겠다고 했다. 그래서 특별히 걱정할 일은 없어 보였다.

　그러나 그 친구의 장례가 치러진 것은 3개월이 지나서였다. 빠르면 사망한 주에 치러져야 할 장례가 3개월이나 걸린 것에 대해 많은 사람들이 의아함을 느낄 것이다. 나 역시 그렇다. 왜 이렇게 오래 걸렸을까? 답은 간단하다. 사망진단서 때문이다.

　내담자의 친구가 안치된 곳은 앞서 언급되었던 병원 장례식장의 안치실이었다. 무려 1,000일의 안치 기간을 기록한 그곳. 병원의 입장은 동일했다. 병원비가 정산되지 않으면 사망진단서를 발급해 주지 않겠다고 했다. 황당한 것은 내담자가 그 비용을 정산하더라도 의료법을 이유로 그에게 사망진단서를 발급해 줄 수 없다는 것이었다. 만약 내담자가 비용을 부담한다면 그때 가서 구청에 무연고사망자 행정 처리를 의뢰하겠다고 했다. 하지만 내담자가 비용을 부담하지 않는다면 시신을 1년이고 10년이고 얼마든지 안치실에 내버려 둘 수 있다고 병원은 말했다. 우린 이미 그렇게 한 적이 있다는 말을 덧붙이면서.

협박이나 다름없는 병원의 태도에 내담자는 분노했다. 친구가 사망한 지 2주째 되던 날, 그는 나에게 전화로 상황을 설명했다.

"병원비요? 까짓것 낼 수 있죠. 그런데 내 친구요…… 가족이 없다는 이유로 바로 장례를 치를 수도 없어요. 이런 와중에 병원은 친구를 인질 삼아 돈을 뜯어 내려고 하잖아요. 제가 그 돈을 낸다고 해서 사망진단서를 떼어 주는 것도 아니래요. 너무 기가 막히고 화가 나요. 병원이 괘씸해서 돈을 내고 싶지 않아요. 병원이 제게 정당한 요구를 하는 건가요? 상식적으로 말이 안 되잖아요!"

"권리와 의무가 없는 사람에게 비용 정산을 요구하는 거예요. 선생님께서 그 돈을 지불할 이유가 없습니다."

내담자는 화를 내고 있었지만 동시에 두려워하고 있었다. 자신이 병원비 정산을 거부한다면 병원이 정말로 친구를 몇 년이고 안치실에 내버려 둘 것 같았기 때문이다. 이미 전적이 있기 때문에 그 두려움은 그저 기우가 아니었다.

내담자가 방법이 없느냐고 묻기에 그때부터 나는 법률 자문을 구하기 시작했다. 하지만 모든 변호사가 방법이 없다고 대답했다. 버티고 있는 병원에게 구청이 사망진단서 발급을 강제할 수 있는 제도적인 근거가 전무했다. 게다가 병원이 장례의뢰 공문조차 보내지 않았기 때문에 구청은 연고자를 파악하지도 못한 상황이었다. 정보가 없으니 구청은 행정 업무를 시작하지 못했다. 엄밀히 말해 내담자의 친구는 지금 시점에선 무연고사망자가 아닌 것이다. 따라서 구청은 행정주체가 아니었다.

'우리는 장례를 치를 연고자를 기다리고 있다. 10년이 걸리더라도 그를 기다릴 것이다.'라는 병원에게 친구도, 구청도 아무런 요구를 할 수 없었다. 그야말로 완벽한 사각지대다.

시간은 속절없이 흘러갔다. 법률적인 해결책이 없었기에 다른 방법을 찾아보고자 했지만 대부분 별 소용이 없었다. 당시 나눔과나눔을 취재하던 기자가 제도적인 허점이라고 생각해 취재를 시작했지만 그게 병원을 움직이지는 못했다. 내담자는 서서히 지쳐 갔다. 처음의 분노는 시간이 흐를수록 동력을 잃었고, 그는 자신이 버텨 봐야 병원으로부터 사과를 받기는커녕 친구의 시신만 부패할 거라는 생각에 다다르게 됐다.

결국 내담자는 병원비를 지급했다. 그러자 병원은 기다

렸다는 듯이 구청에 장례의뢰 공문을 보냈다. 친구가 사망한 지 두 달 만의 일이었다. 그 후로 장례를 치르기까지 보름 이 상의 시간이 소요되었다. 알고 보니 내담자의 친구에게는 가 족이 있었다. 고령이어서 이미 사망한 줄 알았던 조부모가 아 직 살아 계셨던 것이다. 그러나 조부모는 구청의 공문에 회신 하지 않았다. 때문에 내담자는 친구의 장례를 다시 한번 기약 없이 기다려야 했다.

마침내 내담자의 친구가 사망한 지 세 달이 지난 후에야 장례를 치를 수 있었다. 나는 승화원에서 화장이 끝난 후 유 골함을 안고 유택동산을 떠나는 그와 잠시 인사를 나누었다. 그는 장례를 치르는 내내 밝은 모습으로 농담을 던지기도 했 지만, 그것은 마치 분노와 슬픔이 한바탕 휘몰아친 뒤에 찾아 온 적막에서 오는 감정 표현 같았다.

"거의 세 달 동안 상담하시느라 고생 많았어요. 이런 일이 없어야 할 텐데, 앞으로 또 고생하시겠네요."

지친 기색이 역력한 내담자의 목소리에서 '이제야 끝났 다.'라는 후련함과 허무함이 같이 느껴졌다.

"선생님이 고생하셨죠. 뒷일은 신경 쓰지 마시고 친구분 잘 모시고 가세요."

친구의 시신을 볼모로 잡아 돈을 내라고 협박하던 병원

의 말을 처음 들었을 때, 내담자는 할 수 있는 모든 방법을 동원해 상식 밖의 일을 바로잡으려고 했다. 하지만 칼자루를 쥔 쪽은 병원이었다.

마지막으로 내담자는 병원을 처벌할 수 있는 방법이 없느냐고 물었다. 나는 권리와 의무가 없는 이에게 협박을 통해 돈을 받았으니 민사 소송은 할 수 있다고 답했다.

"그렇군요…… 그런데 이제는 다 끝난 마당에 다시 감정을 쏟을 에너지가 없네요."

내담자는 힘없이 웃어 보이더니 주차장으로 향해 갔다. 자그마치 세 달이었다. 더 이상 그에게 싸움을 요구할 수 없었다.

병원은 그 후로도 변하지 않았다. 구청 담당자는 여전히 힘들어 했다. 고인에게 가족이 없으면 행정주체인 구청이라도 병원비를 내라는 병원에 반박할 수가 없었다. 몇 년이 걸리든 본인들은 기다릴 것이라는 병원의 논리는 법률적으로 단단했다.

병원이 환자를 치료한 만큼 돈을 받는 것은 당연한 일이다. 정산해 줄 곳이 없어서 무연고사망자의 병원비를 온전히 병원이 감당해 온 것도 사실이다. 하지만 그렇다고 해서 시신을 볼모로 잡아 고인의 친구를 협박하거나, 몇 년이 걸리든 고인의 시신을 안치실에 방치할 수 있다고 한 그 말이 정당하다고 생각되진 않는다. 더군다나 내담자의 친구에게는 조부모가 살아 있었다. 혹시라도 그들이 시신을 인수해 장례를 치르겠다고 응답했다면, 병원은 어떤 책임을 지려고 했을까? 그동안의 일로 미루어 봤을 때 병원은 그동안 쌓인 안치료까지 모두 청구했을 것이다. 손자가 사망했을 때 왜 바로 나타나지 않았느냐고 비난하면서 비용 청구를 정당화할 수도 있다.

무연고사망자의 주변 사람은 도덕적으로 비난받기 아주 손쉬운 타깃이다.

"먼저 천륜을 거스른 것은 너희다. 고로 너희가 우리에게 반박할 말은 없다."

이때 주눅 든 무연고사망자의 지인들은 싸움을 계속할 동력을 잃어버리고 만다. 반면 나에게는 동력이 있어도 무연고사망자를 대신해 싸움을 지속할 자격이 없다.

"그래서 너는 고인과 무슨 사이인데? 친구도 가족도 모두 가만히 있는데 네가 왜 난리야?"

이런 말로 내 행동의 정당성을 무너뜨리려 할 것이다. 나야말로 완전한 타인에 불과하니까.

죽은 자는 말이 없고, 산 사람은 정당한 이유를 찾으려 하겠지만 곧 지치고 말 것이다. 그리고 앞으로 이런 일은 계속 일어날 것이다. 법이 바뀌지 않는 한.

불인지심의 인연

처음 '가족 대신 장례' 제도가 생겼을 때 나는 고인과 각별한 관계의 사람들만 이 제도를 이용할 것이라고 생각했다. 장례를 치르는 것은 상당한 양의 심리적, 경제적 스트레스를 수반할 뿐만 아니라 가벼운 마음으로는 할 수 있는 일이 아니기 때문이다. 그래서 무연고사망자의 장례를 가족이 아닌 누군가가 치르려고 한다면, 당연히 그는 고인과 각별한 사이일 것이라고 자연스레 귀결을 지었다. 하지만 제도가 시행된 지 고작 몇 달 만에 내 생각이 편견과 착각으로 점철된 잘못된 결론이었다고 인정할 수밖에 없었다.

어느 봄날, 나는 외근을 가던 도중에 상담 전화를 받았다.

애도하는 게 일입니다

그는 자신을 가톨릭 수사라고 밝혔다. 그러곤 대뜸 본인이 한 노숙인의 장례를 치러야 한다면서 어떻게 하면 가족이 아닌 이가 장례를 치를 수 있는지, 필요한 서류는 무엇인지 물었다. 그것에 대해 나는 한참 설명을 했지만, 아무래도 충분치 않았는지 사무실로 찾아오겠다 했다.

"직접 얼굴을 보고 이야기하는 게 이해가 빠를 것 같습니다. 인우보증(鄰友保證)* 같은 것은 이렇게 듣기만 해서는 이해가 안 되네요. 지금 사무실로 찾아가면 상담이 가능할까요?"

"저는 지금 외근 중이고요. 사무실에 상주하고 있는 다른 팀장님에게 상담을 받으시면 됩니다. 주소는 문자로 보내 드릴게요."

통화를 마치고 사무실 주소를 문자로 보낸 뒤, 나눔과나눔에서 함께 일하고 있는 DJ에게 상담 내용을 공유했다.

"보통은 고인과 같이 찍은 사진이나 병원비, 생활비 등을 이체한 내역 등 무언가 하나쯤은 있기 마련인데, 그분에게는 자신과 고인의 관계를 증명할 수 있는 서류가 전혀 없어요. 심지어 고인의 이름을 제외하고는 그 무엇도 아는 바가 없는 것처럼 보였어요."

---

* 가까운 관계에 있는 사람이 특정 사실에 대해 틀림이 없다고 증명하는 것.

난관을 예상했지만, 다행히도 DJ와의 상담 이후 내담자는 큰 어려움 없이 장례주관자로 지정받을 수 있었다. 지자체의 담당 주무관들은 민원인이 제도를 악용하는 것을 가장 우려하는데, 아무래도 신청자가 가톨릭 수사라는 것이 긍정적인 요인으로 작용한 듯했다.

장례 당일, 승화원에서 만난 수사는 다부진 체격과 온화한 미소를 가진 보통의 사람이었다. 나는 그와 많은 이야기를 나누었다. 우선 나는 나눔과나눔이 무슨 일을 하는 곳인지, 장례의 일정은 어떻게 되는지 대략적인 안내를 한 뒤 그에게 조심스레 질문했다.

"수사님은 고인과 어떤 관계인가요? 고인의 종교가 천주교였나요?"

"사실 고인과 만나 이야기를 나눈 것은 몇 달 전에 한 번, 돌아가시기 하루 전에 한 번, 이렇게 총 두 번뿐입니다."

성당에서 만난 인연일 것이라는 내 예상은 여지없이 빗나갔다. 의아해 하는 내 표정을 읽었는지, 수사는 자신이 고인의 장례를 치르기로 마음먹은 이유에 대해 설명하기 시작했다.

수사는 오랫동안 거리에서 노숙하는 홈리스에게 식사를

　　　　　　　　　　　　애도하는 게 일입니다

제공해 왔다고 한다. 뜻을 같이하는 시민들과 수녀들의 도움으로 무료 급식소를 운영했고, 동시에 급식소의 존재를 모르거나 찾아올 수 없는 사람들을 위해 직접 도시락을 만들어 서울을 돌아다녔다. 고인 역시 도시락을 전달하다가 공원에서 우연히 마주친 사람이었다.

당시 고인은 복수가 가득 차서 이미 심각한 상태였다. 수사는 걱정스러운 마음에 도움의 손길을 내밀었지만 거절을 당했다. 그럼에도 수사는 바로 등 돌리지 않고 그의 손에 자신의 연락처를 쥐어 주었다고 한다.

"혹시라도 도움이 필요하면 꼭 이쪽으로 연락해요."

얼마간의 시간이 흐르고 그가 수사에게 연락을 해 왔다. 지나가던 행인의 핸드폰을 빌려 전화를 하자마자 그가 뱉은 첫마디는 "살려 주세요."였다.

수사는 곧바로 그를 만나 교인이 운영하는 병원에 입원시키려고 했다. 하지만 감염병으로 인해 바로 입원하는 것은 어려웠다. 결국 그들은 선별검사소에서 검사 결과를 알려 줄 때까지 하루를 더 기다려야 했고, 아픈 그를 거리에서 재울 수 없었던 수사는 서울역 인근의 홈리스 지원센터에 연락해 하루만 재워 달라고 부탁을 했다.

그런데 안타까운 이야기가 늘 그렇듯 그 하루가 문제였

다. 다음 날 수사는 그의 검사 결과가 음성이라는 문자와 함께 그가 앰뷸런스를 타고 응급실로 이동 중이라는 연락을 받았다. 결국 그는 단 하루를 버티지 못하고 병원 응급실에서 눈을 감았다.

회상에 잠겨 있던 수사는 자신의 불찰로 그가 죽었다고 했다. 나는 그 어떤 위로의 말도 건넬 수 없었다. 그 말속에 녹아 있는 무수한 '만약'이 느껴져서. 만약 처음 만났을 때 병원에 가자고 강권했더라면…… 만약 감염병 때문에 하루를 지체할 필요가 없었다면…… 만약 자신이 조금이라도 더 빠르게 조치를 취했더라면…….

단 두 번의 만남으로 수사가 장례를 치르고자 했던 이유는 그와 만났고, 그를 알고, 그의 마지막을 지켜보았기 때문이었다.

수사는 당연하다는 듯이 말했다.

"어쨌든 제가 고인을 알잖아요. 이분의 장례를 치를 가족이 없다는 것도 알고요. 그런데 어떻게 그냥 외면할 수 있겠어요. 살려 달라는 그 부탁은 들어주지 못했지만 마지막이라도 함께해야죠."

수사의 이야기를 들으며 '불인지심(不忍之心)'이라는 말이 떠올랐다. 차마 외면하지 못하는 마음. 그 마음이 결국 단

애도하는 게 일입니다

두 번 본 것이 전부인 고인의 장례까지 책임지게 만들었다.

어떤 아이가 우물에 빠질 위험에 처했다면, 아이와 면식이 없는 사람이라도 일단은 달려들어 아이를 구하기 마련이다. 곤경에 처한 사람을 보고도 아무렇지 않게 시선을 돌릴 수 있는 사람은 많지 않다. 길을 물어보는 이에게 방향을 알려 주고, 아픈 사람에게 앉아 있던 자리를 내어 주듯, 우리 모두에겐 '차마 외면하지 못하는 마음'이 있다.

각별한 사이가 아님에도 자신이 아는 누군가가 무연고사망자로 세상을 떠난다는 것에 마음을 쓰는 사람들이 있다. 고인의 유골함을 안고 봉안당으로 향하는 수사를 보면서 '만약 내가 수사라면 그렇게 행동할 수 있을까?' 하는 생각이 들었다. 나는 그럴 수 없을 것 같았다. 앞서 이야기한 것처럼 누군가의 마지막을 책임지는 것은 결코 쉬운 일이 아니니까.

하지만 그의 마음에는 공감이 간다. 어떠한 이득 없이, 오히려 시간과 마음과 돈을 내어 주어야 하는 일이더라도 기꺼이 장례를 치르고자 하는 그의 마음만큼은.

누군가의 마음이 머무는 곳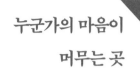

"그루잠, 이리 와서 전화 좀 받아 보시겠어요? 어떤 분이 전화를 주셨는데, 아무래도 그루잠이 갔던 장례에 대해 물어 보시는 것 같아요."

나눔과나눔에서 일을 시작한 지 열흘째 되던 날이었다. 일을 시작한 첫 주는 내내 장례를 치렀고, 그다음 한 주는 사무실에서 업무를 배우고 있었다. 나는 생소하고 낯선 공문과 씨름하던 중에 모퉁이가 넘겨 준 전화를 받았다. 처음 받는 상담 전화여서 긴장이 됐는지 말끝이 떨렸다.

"안녕하세요. 어떤 일로 전화 주셨나요?"

나의 물음에 전화기 너머에서 거친 목소리가 들려왔다.

애도하는 게 일입니다

"그…… 전백철이라는 사람이 장례를 여기서 치렀다고 해서 전화했습니다. 물어보고 싶은 게 있어서요."

내담자의 목소리에는 잔기침이 섞여 있었다. 내뱉는 음절 사이로 힘겨운 기색이 드러났다. 그의 말에 바로 이틀 전에 갔던 장례가 떠올랐다. 가족이나 지인이 오지 않아 내부 인원으로 치렀던 장례였다.

'뒤늦게 연락을 한 이유가 뭐지? 혹시 부고를 놓쳤나?'

순간 불안한 마음이 들었다.

"제가 갔던 장례예요. 오실 분이 없어서 자원활동가분들과 함께 시민장으로 치렀습니다. 이틀 전에 화장을 했고요. 실례지만…… 혹시 고인과 관계가 어떻게 되시나요?"

나의 물음에도 내담자는 한동안 답이 없었다. 마른기침과 거친 숨소리가 아니었다면 전화가 끊어졌다고 착각했을 것이다. 나는 그저 답변을 기다렸다.

"그……."

내담자는 운을 뗀 후로도 한참 동안 말을 잇지 못했다. 지금이야 이런 일이 있다면 내담자의 심리 상태가 위태롭다고 인지하고 말을 할 때까지 여유롭게 기다릴 테지만, 당시에는 혹시라도 내가 무슨 잘못을 했나 싶어 초조했다. 십여 초의 시간이 흘렀을 뿐인데 그 찰나가 마치 한나절 같았다.

"제가 전백철 아버지 되는 사람입니다."

"아……."

내담자의 말에 탄식이 새어 나왔다. 그 순간 그 긴 침묵이 단번에 이해되었다. 아들의 장례가 끝나고 나서야 연락한 아버지의 심정이 온전히 느껴져서.

이번에는 내가 할 말을 잃었다.

'무슨 말로 위로를 해야 할까? 어떤 일로 전화를 주셨냐고 용건을 물어봐야 할까?'

침묵을 깬 것은 내담자였다.

"혹시 백철이가 어떻게 죽었나요?"

나는 더듬더듬 공문에 적혀 있던 경찰조사서의 내용을 복기했다.

고인은 인력사무소 안에서 사망한 채 발견되었다. 어느 추운 겨울날 인력사무소 바닥에 몸을 웅크린 채 혼자서 임종을 맞이했고, 사체검안서에는 '기타 및 불상'이라고 직접 사인이 적혀 있었다.

나는 조심스럽게 알고 있는 사실을 전달했다.

"……그래서 전백철 님의 사인은 명확하지 않습니다. 제가 말씀드릴 수 있는 건 이 정도뿐이에요."

내담자의 깊은 한숨 소리가 들렸다. 자신보다 먼저 사망한 자녀의 사이인 '불명'이라는 데에 적잖이 충격을 받은 듯 했다. 그는 격앙된 목소리로 말하기 시작했다.

"몇 달 전에 잠시 만난 적이 있어요. 그때 가슴께에 통증이 있다고 하기에 병원에 가라고 잔소리를 좀 했죠. 지병이 있었던 것 같아요. 그런데 그게 뭔지는 알 수가 없는 거군요."

그는 다시금 말이 없었다. 그렇다고 전화를 끊지는 않기에 이번에는 내가 먼저 용기를 내어 말을 건넸다.

"그래도 종종 연락을 하셨던 것 같네요…… 전백철 님은 제가 최대한 정성을 다해 모셨습니다. 혹시 장례 사진을 보고 싶다면 보내 드릴게요."

그러자 내담자가 기다렸다는 듯 대답했다.

"백철이랑은 아주 드문드문 만나서 얘길 나눴어요. 걔가 어렸을 때 제가 돈 벌러 외국에 가지만 않았어도 이런 일은 없었을 텐데……."

그 대답은 지난한 개인사의 시작이었다. 나는 삼십 분이 넘도록 하소연에 가까운 이야기를 들었다. 어디에도 말 못 할, 억울함이 섞인 개인의 역사가 마른기침과 함께 이어졌다.

내담자가 젊었을 때, 한국의 주된 수출품은 인력이었다. 그는 가족을 부양하기 위해 외국으로 떠났다. 고된 육체노동이었지만, 한국의 가족들이 보다 여유롭게 살 수 있다는 희망 하나로 하루하루를 버텼다.

그러던 중 그에게 잔인한 소식이 날아들었다. 아내가 외도를 한다는 것이었다. 친구 말에 의하면, 아내가 집으로 다른 남자를 들였고, 그걸 알고도 어머니와 아들이 아무런 말도 못하고 있는 상황이었다. 그때 내담자는 회사와 재계약을 앞두고 있었다. 회사는 성실하게 일한 내담자와 계약을 연장하고 싶어 했다. 그러나 가정이 무너지고 있는 모습을 그대로 두고 볼 수 없었던 그는 한국으로 서둘러 돌아왔다.

하지만 그가 한국에 왔을 때는 이미 돌이킬 수 없는 상황이었다. 아내와의 관계는 완전히 틀어졌고, 결국 결혼생활은 파국을 맞이했다. 아내와 이혼한 그는 아들, 노모와 함께 잘 살아 보고자 했지만 그것은 마음처럼 쉽지 않았다. 아들은 이혼의 책임이 아버지에게 있다고, 그를 가정이 무너진 후에야 나타난 무관심한 아버지라고 여겼다. 급기야 아들은 아버지를 아저씨라 부르며 선을 그었고, 조금씩 엇나가기 시작했다.

그는 계속 살아야 했다. 언제까지고 과거에 파묻혀 있을 수는 없었다. 새롭게 가정을 꾸렸고, 그러면서 아들과의 관계는 돌이킬 수 없는 지경에 이르고 말았다. 아들을 기숙 학교로 보내어 잠시 떨어져 살면 지금보다는 애틋해지지 않을까 생각했는데, 오히려 역효과가 나며 사이가 더 멀어졌다.

아들은 성인이 된 후로 일방적으로 연락을 차단했다. 그는 자신이 책임져야 할 아내와 자녀가 있었기에 아들에게 지속적으로 관심을 쏟을 수 없었다. 자연스레 연락은 끊어졌고 1년에 한두 번 정도만 연락하는 관계가 되고 말았다.

그러던 어느 날, 그는 중환자실에서 경찰을 통해 아들의 부고를 들었다. 생사의 기로에서 간신히 숨을 붙들고 있던 와중에 그는 결정을 내려야 했다. 본인이 장례를 치를지 말지에 대해서. 그가 당장 시신을 인수해 장례를 치르는 것은 불가능했다. 그렇다고 지금의 아내와 배다른 자녀에게 아들의 장례를 부탁할 수도 없었다. 그는 이런 상황을 이야기하며 경찰에게 어찌해야 할지 물었다. 그러자 돌아온 경찰의 대답은 간단했다.

"아~ 장례를 치르기 어려우시면 사체포기각서를 써서 팩스로 보내 주세요. 그럼 국가에서 알아서 처리할 거예요."

어쩔 수 없이 내담자는 병상에 누운 채로 사체포기각서를 작성했다. 그러나 어떤 이유에선지 사체포기각서가 경찰 측에 전달되지 않았고, 그는 다시 한번 그 일을 해야 했다. 아들의 시신을 포기하겠다는 선언을 두 번씩이나.

"나에겐 방법이 없었어요……."

내담자의 목소리는 반쯤 넋이 나가 있었다. 나는 아무런 대꾸도 하지 못한 채 숨죽여 그의 말을 들었다. 마른기침을 토해 내던 그가 나에게 유골의 행방을 물었다.

"그럼 백철이 유골은 지금 어디 있습니까?"

"아드님의 유골은 무연고 추모의 집에 봉안되어 있어요."

나는 황급히 손짓으로 모퉁이를 불렀다. 당시 나는 모르는 것이 많았고, 혹여 내담자가 무연고 추모의 집에 대한 다른 질문을 하면 대답하지 못할 것 같았다. 모퉁이는 내 옆으로 다가와 수화기로 흘러나오는 목소리에 집중했다.

"제가 유골을 찾아갈 수도 있나요?"

내담자의 질문에 모퉁이를 바라보았다. 모퉁이는 가능하다는 뜻으로 오케이 사인을 보냈다. 그러곤 업무 매뉴얼을 보여 주며 봉안 기간에 대한 항목을 손가락으로 가리켰다.

"네, 앞으로 5년간 봉안될 예정이에요. 그사이에는 언제든지 모시고 갈 수 있습니다."

내담자는 한숨을 푹 쉬더니, 자신이 엊그제 퇴원해서 아직은 아들을 찾아갈 수 있는 상황이 아니라고 말했다. 그러면서도 마치 다짐이라도 하듯 덧붙였다.

"제 손으로 직접 뿌리든 어딘가에 납골을 하든 해야죠. 몸

애도하는 게 일입니다

이 나아지면 서울에 올라가야겠습니다. 사무실이 어딘가요? 저 대신 장례를 치러 주셨는데 식사라도 대접하는 게 도리죠. 서울에 올라갈 때 사무실로 찾아갈게요."

나는 갑작스런 내담자의 말에 당황해 괜찮다고 했다. 할 일을 한 것뿐이니 그런 대접받을 이유가 없다고. 하지만 밥이라도 사야 자신의 마음이 편할 것 같다는 그의 말에, 통화가 끝나고 장례 사진과 함께 사무실 주소를 문자로 보냈다.

나는 의자 깊숙이 몸을 파묻었다. 퇴근까지 시간이 한참 남았는데 벌써 녹초가 된 느낌이었다. 삼십 분의 통화로 얼굴조차 모르는 타인의 내밀한 개인사를 알게 되었다. 누군가의 일생이 순식간에 머리를 훑고 지나간 느낌이었다. 나는 모퉁이와 함께 잠시 멍하니 있었다.

"참…… 뭐라 해야 할지 모르겠네요."

나의 중얼거림에 모퉁이도 내담자가 걱정이라고, 사체포기각서를 두 번이나 작성한 그의 심정이 상상조차 안 된다고 했다.

그러던 어느 날 내담자가 정말로 사무실에 찾아왔다. 식사를 대접하고 싶다는 말이 빈말이겠거니 하고 넘겼던 나는 갑작스러운 그의 방문이 당황스러웠다. 장례 현장이 아닌 곳에서 고인의 가족을 만난 것은 처음이라 무슨 말을 꺼내야 할지 몰랐다. 괜히 다 우러난 티백을 컵 속에 넣었다 뺐다 하며 시간을 끌었다. 그러자 다행히도 모퉁이가 능숙하게 대화를 이끌었다. 내담자는 할 말이 많았던 듯했다. 내가 무언가 말을 얹지 않아도 대화는 쉴 틈 없이 이어졌다.

"가족들 사이에서 저는 천하의 몹쓸 놈이 되어 버렸습니다."

한참 대화가 무르익던 도중 툭 하고 튀어나온 내담자의 말에 나는 귀를 의심했다. 위로받아도 모자랄 그에게 가족들이 비난을 하다니, 이게 대체 무슨 일이란 말인가.

"왜 그랬느냐고, 어떻게 아들을 무연고로 보낼 수가 있느냐고 형제들이 모일 때마다 욕을 해요. 구구절절 변명을 늘어놓기도 구차하고, 사정이야 어찌 되었든 결과적으로 아들을 버린 것은 맞으니까 그냥 듣고만 있습니다."

죽음의 고비를 넘기고, 자식을 먼저 떠나보낸 사람이 듣기엔 너무 가혹한 말이었다. 내담자는 형제들에게 받은 비난들을 담담하게 늘어놓았지만, 그것은 담담함이 아니라 어떤 임계점을 넘은 사람의 무던함 같았다. 나는 그가 사무실까지 찾아온 이유를 짐작할 수 있었다. 내담자는 자신의 말을 공감하며 들어줄 수 있는 유일한 사람들을 찾아온 것이다.

"요즘 저는 매일같이 산에 오르고 있습니다. 그렇게 하지 않으면 가슴이 답답해서 살 수가 없어요. 산 아래를 바라보며 울다가 한참 뒤에야 내려옵니다. 아직 몸이 다 낫지 않아서 아들을 찾으러 갈 수가 없어요. 찾는다 해도 유골을 어떻게 해야 할지도 잘 모르겠네요."

우리는 그의 말을 들어주는 유일한 사람들이었다. 그리고 그에게 나눔과나눔의 사무실은 일종의 안전지대였던 것 같다. 이곳에서는 상실의 아픔을 겪은 이에게 날아드는 비난의 화살 같은 건 존재하지 않으니까.

"정말 고생 많으셨어요."

모퉁이의 말에 내담자는 잠시 창밖을 바라보더니 지갑을 꺼내 들었다.

"그러고 보니 보내 주신 빈소 사진에 영정이 없더라고요. 백철이 얼굴도 모르고 장례를 치르셨겠네요."

내담자가 지갑에서 꺼낸 것은 누렇게 바래 버린 낡은 사진이었다. 사진 속의 고인은 앳된 얼굴의 아이였다.

"백철이 국민학교 졸업할 때 찍은 사진입니다. 팀장님과 이사님에게 보여 드리고 싶었어요."

나는 사진 속 고인과 내담자를 번갈아 바라보며 눈이 참 닮았다고 생각했다.

'이 사진을 찍을 때 내담자와 고인은 어떤 생각을 하고 있

었을까?'

아버지의 기억 속에 아들은 사진 속 모습처럼 하얗게 눈 덮인 교정에서 영원히 아이로 머물러 있을 것이다. 그런 생각을 하다 보니 내가 그의 장례를 치렀다는 것이 현실감 없게 느껴졌다.

그 후로도 나는 내담자와 여러 번 통화했고, 여러 번 만났다. 갈 곳 없는 그의 슬픔이 잠시나마 내려앉을 수 있는 곳은 나눔과나눔이 유일한 것 같았다. 가끔 견딜 수 없을 때, 그는 사무실로 전화해 한참 동안 고인과 자신에 대해 이야기했다. 그리고 무연고 추모의 집이 개방되는 날이면 어김없이 찾아와 잠시 고인의 유골 앞에서 짧은 인사를 건넸다.

내담자는 앞으로도 그렇게 할 것이다. 그러면 나는 이전에 그랬던 것처럼 잘 지내냐고 안부를 묻고, 다음 만남을 기약할 것이다.

이 인연은 언제까지 이어지게 될까? 5년이 지나 고인의 봉안 기간이 끝나는 때? 내담자가 마침내 고인의 유골을 어떻게 할지 결정하는 때? 가족들의 비난이 잦아들고 아들을 잃은 것에 익숙해지는 때? 잘 모르겠다. 다만 내담자가 아들을 잃은 슬픔을 버티기 힘들 때 나눔과나눔을 기억해 주면 좋을 것 같다. 이 넓은 세상 속 작은 모퉁이 어딘가에 당신에게

마음 쓰는 누군가가 있다고. 당신이 겪어야 했던 그 모든 일
에 함께 울고 한숨 짓는 누군가가 있다고. 갈 곳 잃은 마음이
잠시 머물 수 있는 곳이 있다고. 그렇게 기억해 주었으면 좋
겠다.

3장

애도할 권리,
애도받을 권리

진심을 의심하는
사람들에게

　'결연장례'는 민관이 협력한 사업이다. 가족이 없어 자신이 죽고 난 뒤의 장례가 걱정인 어르신을 동주민센터가 소개해 주면, 나눔과나눔이 장례를 약속하는 방식이다.

　2014년, 나눔과나눔은 열일곱 분의 어르신과 장례를 약속했다. 모퉁이에게 전해 들은 바에 의하면, 당시 모퉁이는 열일곱 분의 어르신을 만나 그간의 삶에 대해 들었고 상담을 통해 장례를 약속했다고 한다. 그 약속의 증표로 증서를 주고받았다. 그런데 그중 세 분은 돌아가셨고, 세 분은 어느 순간부터 연락이 안 되다가 두절되어 버렸다. 또 한 분은 요양병원에 입원했는데 코로나가 터지면서 2년 넘게 만나지 못하고 있다. 열일곱 분 중 열 분만 꾸준히 만나 오고 있는 셈이다.

처음 장례를 약속했을 때, 모퉁이는 열일곱 분의 장례를 모두 치를 수 있을 것이라고 막연하게 생각했다고 한다. 가족이 아니면 장례를 치를 수 없다는 사실을 알면서도 무슨 방법이 있을 것이라고 여긴 것이다. 유언장을 작성할 수도 있고, 지자체와 미리 협의해 볼 수도 있을 테니까. 하지만 활동을 지속해 오면서 결국 깨달았다고 한다. 나눔과나눔이 지키지 못할 약속을 했다는 것을.

그 후 나눔과나눔은 장례를 치를 권리가 확대될 수 있도록 하기 위해 목소리를 내기 시작했다. 장사법 제2조 16호에는 '아목'이 존재한다. 해당 조문에는 '가목부터 사목까지에 해당하지 아니하는 자로서 시신이나 유골을 사실상 관리하는 자'라고 나오는데, 이는 가족이 아니더라도 장례를 치를 수 있는 연고자가 될 수 있다는 것을 말한다. 이것을 근거로 삼는다면 어르신들에게 한 약속을 지킬 수 있을 것 같았다.

단, 여기서 문제는 이 '아목'에 해당하는 사람이 누구이며, 그 사람이 이 아목에 해당된다는 것을 인정하는 사람이 누구인가 하는 것이다. 무연고사망자를 담당하는 지자체의 주무관에게 물었지만, 그는 본인의 업무가 아니라며 답변을 거부했다. 자신은 무연고사망자의 시신처리를 하는 사람이지 혈

애도하는 게 일입니다

연 이외의 연고자를 인정해 주는 사람이 아니라는 이유에서였다. 덩그러니 놓여 있는 법조문 하나만 가지고 장례를 치를 자격을 부여해 달라고 요구하는 것은 어려운 일이었다. 법이 바뀌거나 지침이 생기지 않는 이상 현실적으로 불가능해 보였다.

그러던 중 2020년에 보건복지부의 〈장사 업무 안내〉에 장례주관자와 '아목'에 해당하는 연고자에 대한 항목이 생겼다. 사무실에서 우리는 쾌재를 불렀다. 지침의 내용을 살펴보니 여전히 부족한 점이 많았지만, 어쨌든 어르신들의 장례를 우리가 치를 수 있는 근거가 마련되었기 때문이다.

우리는 해당 지침을 근거로 서울시의 무연고사망자 업무 매뉴얼을 새로 작성했다. 그 매뉴얼에는 '가족 대신 장례'라는 전에 없던 챕터가 추가되었다.

'가족 대신 장례'가 서울시에서 시작된 지 어느덧 2년여의 시간이 흘렀다. 이 제도 덕분에 많은 사람들이 자신이 사랑했던 이를 무연고로 보내지 않을 수 있었고, 상주가 되어 장례를 치를 수 있었다.

물론 가족 대신 장례를 바라보는 사람들의 시선이 모두 좋은 것만은 아니다. 찬성하며 지지를 보내는 사람들도 많지만, 반대하며 폐지를 요구하는 사람들도 일부 있다. 이 제도를 반대하는 사람들은 '순수한 마음으로 장례를 치르지 않을 지도 모른다.'라는 이유에서 우려를 표한다.

"적게는 수백, 많게는 천만 원 이상이 들어갈 수도 있는 장례를 아무런 금전적 이득 없이 치를 사람이 누가 있겠습니까?"

가족 대신 장례 제도를 반대하는 이유를 들어 보면, 크게 세 가지로 요약할 수 있다.

첫째, 범죄 은닉에 악용될 소지가 있다.
둘째, 재산을 노리고 장례를 치르는 파렴치한 일이 벌어질 수 있다.
셋째, 내연 관계의 사람이 배우자 대신 장례를 치르려고 할 수 있다.

이 세 가지는 사실상 걱정할 필요가 없는 것들이라 바로 반박이 가능하다.

첫째, 병원이 아닌 곳에서 사망자가 발생한다면 경찰조사가 선행된다. 따라서 범죄 은닉을 위한 방법으로 가족 대신 장례를 이용하는 것은 불가능한 일이다.
둘째, 재산 상속과 장례를 치르는 것은 완전히 별개의 일이다. 상속은 민법의 영역에 속해 있기 때문에 설령 연고자로 인정받아 장례를 치르더라도 고인의 유산에 대한 권리를 주장할 수 없다.

셋째, 가족이 아닌 이가 장례를 치르기 위해선 고인이 무연고사망자로 확정되어야 한다. 그렇기 때문에 내연관계의 사람은 배우자가 장례를 포기했을 때만 장례를 치를 수 있다.

앞서 이야기한 세 가지 외에 가족 대신 장례를 반대하는 또 다른 이유도 존재한다. 동성애자들을 위한 제도라는 것이다. 일부 보수 기독교인들은, 장례를 허락하는 것부터 시작해 대한민국을 야금야금 동성애 국가로 만들려는 음모라며 비난의 목소리를 높이기도 한다.

성소수자에게도 인권이 있고, 당연히 애도의 권리가 있다. 그리고 여기서 분명히 말할 수 있는 것은, 나눔과나눔은 성적 지향과 정체성에 상관없이 장례를 지원해 왔다는 사실이다. 죽음을 맞이하는 순간에도 차별이 존재한다면 슬프지 않겠는가. 가족 대신 장례는 차별 없이 모든 사람에게 행해진다는 것, 이 사실만으로도 내가 이곳에서 일한다는 것이 뿌듯하다. 모두에게 열려 있다는 것이.

가족 대신 장례를 반대하는 이유에 대해 곰곰이 생각해 보면, 순수한 마음으로 가족이 아닌 사람의 장례를 치러 줄 이는 없을 것이라는 '염려'의 마음에서 비롯되었다고 볼 수

있다. 앞으로의 이야기들은 그런 염려의 마음이 조금이나마
덜어지길 바라는 마음에서 적어 내려갔다. 장례를 치른 사람
들의 진심이 부디 전해지길 바란다. 우리는 모두 공감할 수
있는 능력을 가지고 있으니까.

애도하는 게 일입니다

장례를 부탁합니다

나눔과나눔에는 다양한 상담 전화가 걸려 온다. 그중 대부분은 공영장례 업무를 담당하는 구청 주무관의 상담 전화다. 공영장례와 무연고사망자 관련 업무는 내용이 복잡하고 까다로워 대부분이 기피하는 일이다. 법의 사각지대에 있는 일들이 넘치는데 업무가 매번 순조롭게 진행될 리 없을 터였다. 때문에 내가 받는 전화의 대부분은 업무 원칙에 대해 물어보는 공무원의 전화다. 장사 등에 관한 법률, 민법, 가족관계 등록에 관한 법률, 의료법 등 법조문이나 보건복지부의 지침, 지자체의 조례에 명확히 명시된 것을 안내하면 되기에 상담의 난도는 그리 높지 않다.

오히려 어려운 상담은 시민을 대상으로 할 때다. 시민이 나눔과나눔에 상담을 요청하는 경우는 보통 가까운 이가 죽었거나 곧 죽음을 앞두고 있을 때다. 그런 상황에서는 감정적으로 격해져 있을 수밖에 없기 때문에, 상담 자체가 상당한 강도의 감정 노동이 되기도 한다.

상담을 하면서 나는 생각보다 많은 사람들이 장례에 대한 불안을 안고 살아간다는 걸 알게 되었다. 언론이나 매체를 통해 '고립사'에 대한 정보를 종종 접하다 보니 요즘에는 혼자 살고 있는 많은 사람들이 자신의 장례를 걱정하며 연락을 해 온다.

불안의 양상은 다양하게 나타난다. 우선 집에서 홀로 죽는 것은 무섭지 않지만 자신의 시신이 빠르게 발견되지 못하고 부패되어 주변에 피해를 끼칠까 봐 두려워하는 경우가 있다. 이는 대체로 청년들에게서 많이 나타난다. 청년 고립사가 급증하고 있고, 이것이 심각한 사회 문제라는 언론의 보도가 나가면 여지없이 상담 요청이 급증한다.

비혼에 자녀가 없는 사람이 자신의 장례를 걱정하는 경우도 있다. 이런 경우는 언론에서 모퉁이와 내가 인터뷰한 것을 보고 본인이 무연고사망자가 될 것이라는 불안감에 상담을 요청하는 케이스다. 한번은 어떤 사람이 조카에게 유산을 상속할 예정이라고 하면서 그 조카가 내 장례를 치르지 못하느냐고 물었다. 그래서 "조카가 장례를 치를 수는 있지만, 그렇게 하기 위해선 본인이 무연고사망자로 확정되어야 해요."라고 답했더니, 그는 곧 한숨을 내쉬며 전화를 끊었다. 무연고사망자로 확정되기까지 평균적으로 한 달의 시간이 소요되는 것을 볼 때, 그가 생각하는 자신의 장례와는 너무도 다른 상황이라고 여겨졌을 것이다.

마지막으로는 돈 때문에 걱정하는 경우다. 상담을 요청하는 대부분의 사람들이 여기에 속한다. 돈이 없어서 장례를 치르지 못하는 사람들이 생각보다 많이 있다. 그들은 가족의 장례를 포기하지 않고 화장이라도 직접 하고 싶은 마음에 나눔과나눔을 찾는다.

고인이 기초생활수급자일 때 지자체에서 장례를 치르는 사람에게 80만 원의 장제급여를 지급하지만, 이것만으로는 장례를 치르는 것이 불가능하다. 게다가 이마저도 장례를 치른 뒤 영수증 같은 증빙 자료를 챙겨서 동주민센터에 신청해야 받을 수 있는 돈이다. 즉, 당장 지원되는 돈이 아닌 것이다. 만약 고인이 수급자가 아니라면? 그렇다면 국가나 지자체에서 어떠한 지원도 해 주지 않는다. 오롯이 혼자서 모든 것을 부담해야 한다.

이런 사람들에게 나눔과나눔은 최대한 비용을 줄일 수 있는 방법을 안내한다. 어떻게든 내담자 스스로 장례를 치를 수 있는 방법을 찾아보고, 그게 불가능할 경우 서울시가 지원하는 '저소득시민 공영장례'를 안내한다. 서울시는 공영장례 대상자에 무연고사망자만 두고 있지 않다. 고인이 장제급여 대상자일 경우 장례를 치를 연고자의 건강과 경제 상황에 따라 시신을 위임하지 않고도 공영장례를 지원받을 수 있다. 물론 조건이 매우 제한적이라서 지원받기가 쉽지는 않다. 최근 들어 대상자의 범위를 넓히고는 있지만 그것만으로는 역부족이다.

만약 앞서 이야기했던 방법들로도 장례를 치르지 못한다면, 그때 나눔과나눔이 직접 장례를 지원하고 있다. 그러나 안타깝게도 한정적인 예산 때문에 모든 사람의 장례를 지원할 수는 없다. 나눔과나눔은 오롯이 시민들의 후원금으로 운영되는 단체이다. 그러다 보니 같은 상황에 처해 있더라도 누군가에게는 장례 지원이 되고 누군가에게는 지원이 되지 않을 수 있다.

아무래도 나눔과나눔에 문을 두드리는 사람들이 상처받지 않기를 바라는 마음 때문에 설명이 조금 장황해진 것 같다. 그러나 상담을 해 오면서 꼭 하고 싶은 이야기가 있었다. 조금은 개인적인 이야기이기도 하지만, 이를 통해 죽음과 장례에 대해 많은 생각을 해 볼 수 있는 계기가 되었으면 좋겠다.

최근에 상담을 통해 만난 분과 장례를 준비하며 짧은 한 해를 보냈고, 얼마 전 작별을 했다. 그 작별이 순탄했느냐고 묻는다면, 그렇기도 하고 아니기도 하다. 나는 여전히 그분의 죽음과 이후의 장례 과정에 있어 해소되지 않는 부채감을 가지고 있다.

그분과의 첫 대화는 겨울의 끝 무렵과 봄의 초입 사이, 계절이 바뀌는 시기에 시작되었다. 그날 나는 밀린 업무를 처리하고 있었다. 나눔과나눔에서 함께 일하고 있는 동료들은 각자의 일로 바빴다. 모퉁이는 정기총회를 막 끝내고 박사 논문을 작성하기 위해 안식월 중에 있었고, 이플은 장례 현장을 담당했으며, DJ는 일을 시작한 지 얼마 되지 않았기 때문에 대부분의 관리 업무는 내 몫이었다.

정신없이 회계 자료와 작년의 무연고사망자 데이터베이스를 정리하고 나니 점심까지 시간이 조금 남았다. 나는 아이패드를 꺼내 내가 해야 할 일의 체크 리스트를 확인했다. 점심 전에 일을 다 마무리하지 못하면 마음이 불편할 듯하여 30분 남짓의 짧은 시간 동안 할 수 있는 일을 하고 싶었다. 여기에 가장 부합하는 일이 무엇인가 보니, 자원활동을 신청한 사람들에게 연락해 승화원에서의 모든 자원활동이 중단되었음을 안내하는 것이었다. 코로나19로 인해 어쩔 수 없이 생긴 상황이었다. 감염병이 무서운 속도로 확산되는데 섣불리 자원활동가를 모집할 수 없었다. 그렇다고 언제 이 상황이 끝날 것이라는 기약도 없기 때문에 신청자를 마냥 기다리게 할 수도 없었다.

나는 전화를 걸어 자초지종을 설명했다. 사람들은 이 상황을 이해한다며 혹시라도 거리두기가 완화되면 꼭 불러 달라고 답했다. 그렇게 한 사람, 한 사람 연락을 돌리다 마지막 남은 신청자에게 전화를 걸었다. 신청자는 마치 기다렸다는 듯 바로 전화를 받았다.

"안녕하세요. 나눔과나눔의 김민석 팀장입니다. 지난주에 자원활동 신청해 주셨죠? 그것과 관련해서 안내드릴 것이 있어서요. 선생님도 아시다시피 지금 코로나로 상황이 좋지 않아서요…… 승화원도 당장은 자원활동을 중단해야 할 것 같다고 이야기하고, 그 부분에서는 나눔과나눔도 동의가 되어서요. 그래서 당분간은 빈소에 조문객으로 참여하는 봉사는 어려울 것 같습니다."

자원활동이 불가능하다는 내 말에 신청자는 많이 아쉬워

하며 공영장례에 궁금한 것이 많아 꼭 참여해 보고 싶었다면서 혹시 언제쯤 재개될 것인지 물었다. 나는 그에게 기약이 없다고 대답했다.

"그것참 많이 아쉽네요……. 그럼 혹시 승화원이 아니라 다른 자원활동은 없나요? 제가 나눔과나눔의 활동에 궁금한 것도 많고, 관심도 많아서요."

"다양한 형태의 자원활동은 나눔과나눔도 지향하는 바인데, 당장은 어떤 것이 있을지 잘 모르겠네요. 혹시 희망하시는 활동이 있으신가요?"

"단순한 사무 업무 같은 건 할 수 있어요. 나이는 꽤 있지만 컴퓨터도 잘 다루고 엑셀도 배웠습니다. 그쪽으로 필요한 건 없을까요?"

나눔과나눔이 다루는 정보 대부분은 고인의 개인 정보이다. 때문에 그런 일을 자원활동가에게 맡기는 것은 적절하지 않았다. 그렇다고 별도의 업무를 만들어 낼 수도 없으니 당장 신청자가 할 수 있는 자원활동은 없어 보였다.

하지만 이 사실을 바로 이야기하기에는 마음이 편치 않았다. 신청자가 무척 간절해 보였기 때문이다. 자원활동에 이렇게까지 진심인 이유가 무엇일까? 나는 내부적으로 어떤 방법이 있을지 고민해 보겠다고 말했다. 당장은 떠오르는 것이 없어서 조금 더 고민을 해 보고 전화를 주겠다고, 그리고 궁금한 것이 있다면 꼭 자원활동이 아니더라도 언제든 연락해서 물어봐도 괜찮다고 덧붙였다. 그러자 신청자는 잠시 뜸을 들이다 자신의 이야기를 털어놓았다.

"사실 제가 가족 없이 혼자 살고 있습니다. 저는 제 죽음 이후의 과정을 스스로 준비하고 깔끔하게 마무리하고 싶어요. 그래서 공영장례를 참관하고, 나눔과나눔에서 자원활동을 하면서 어떤 방법이 있는지 배우고 싶었어요. 나름대로 공부는 쭉 해 봤는데, 나눔과나눔 홈페이지에 올라온 글을 보면 제가 생각한 방법들이 무용지물인 것 같더라고요. 혹시 갑작스럽겠지만 지금이라도 상담 신청이 가능할까요?"

알고 보니 신청자는 자신의 장례를 걱정하고 있었다. 단순히 자원활동을 희망하는 사람이라 생각했다가 예상 밖의 말이 나오자 당황스러웠다. 나는 최대한 내색하지 않으려고 노력하면서 대답했다.

"상담은 언제든 가능해요. 어떤 게 궁금하신가요?"

"고맙습니다. 일단 가족이 없는 제가 스스로의 장례를 준비하는 방법에 대해서 생각해 둔 것이 있는데, 실제로 가능한지 물어보고 싶어요. 상조 회사에 '셀프 장례' 상품이 있어서 전화 상담을 받아 봤거든요. 거기서는 상품에 가입하면 가족이 없어도 본인들이 장례를 치러 준다고 했어요. 그게 사실인 가요? 만약 그렇다면 별로 어렵지 않게 장례 준비를 할 수 있을 것 같아서요.”

상조 회사의 셀프 장례는 굉장히 헷갈리기 쉬운 이름으로 사람들을 현혹시킨다. 상품에 가입해 매달 일정 금액을 내면 자신이 죽고 난 뒤에 치러야 할 장례를 회사가 책임져 줄 것이라고 착각하게 만든다.

하지만 상조 회사가 가족이 없는 고객의 장례를 본인들이 직접 치를 수 있는 방법은 없다. 상조 회사는 가족이 아니기 때문에 고객이 사망했음을 인지하는 것이 불가능하다. 설령 고객의 부고를 바로 알 수 있더라도 법률상 가족이 아니어서 장례를 치를 수 있는 권리와 의무가 없다.

물론 가족 대신 장례 제도를 이용해 장례지도사가 장례 주관자로 지정받을 경우에는 장례를 치를 수 있다. 서울시의 공영장례 업무 매뉴얼에는 ‘개인’이나 ‘단체’로 장례주관자와 연고자를 한정하고 영리 기업의 개입을 제한하고 있지만, 장례지도사 개인이 침묵한다면 구청이 영리 기업의 개입인지 개인의 자격으로 장례주관자 신청을 하는 것인지 알 길이 없다.

그런데 여기에도 문제는 발생한다. 가족 대신 장례는 고인이 무연고사망자로 확정된 이후에 가능하다. 무연고사망자로 확정되기까지 평균 한 달의 시간이 소요되는 것을 감안하면, 사망과 동시에 장례가 치러지는 게 보편적인 상황에서 셀프 장례 상품은 무용지물이다.

셀프 장례에 대한 상품 소개를 읽어 보면, 처음에는 마치고객이 스스로 장례를 준비할 수 있는 것처럼 보인다. 그런데제일 마지막에 주의 사항이 쓰여 있다.

'미리 준비해서 자녀들의 부담을 덜어 주세요!'

이런 상조 회사의 상술에 피해를 본 사람이 있었다. 쪽방에 거주하던 그 사람은 가족이 자신의 장례를 치러 주지 않을 것이라 확신했다. 결국 스스로 준비할 수 있는 방법을 찾아보기 시작했고, 이름 있는 상조 회사에 찾아가 상담을 받았다. 그리고 상조 회사의 교묘한 설명에 속아 상품에 가입해 매달돈을 냈다. 그런데 그가 사망했을 때 상조 회사는 나타나지않았다. 그의 장례를 챙긴 것은 상조 회사가 아닌 이웃과 교회였다.

현재는 대부분의 상조 회사가 문제가 될 수 있다는 것을인지해 더 이상 셀프 장례 상품을 판매하지 않는다. 하지만인터넷 포털에서 셀프 장례를 검색해 보면 여전히 몇몇 업체의 키워드로 남아 있는 것을 볼 수 있다.

애도하는 게 일입니다

나는 이 이야기를 신청자에게 설명해 주었다. 상조 회사가 가족 대신 본인들이 장례를 치러 줄 것이라고 말한다면 그것은 사기라고.

"정말 어처구니가 없네요. 알겠습니다. 일단 셀프 장례가 불가능하다는 것은 확실하게 알았어요. 그럼 사전장례의향서를 작성하면요? 그리고 거기에 제가 팀장님에게 장례를 부탁한다고 적어 두면요?"

"사전장례의향서는 법적인 구속력을 가지지 못합니다. 그 서류가 가진 의미는 '미리 장례 의사를 밝혀서 자녀들에게 분쟁이 없도록 준비하세요.' 정도예요. 자신의 의사대로 장례를 치러 줄 가족이 없다면 무용지물인 거죠."

"그럼 유언장은요? 제가 유언장을 작성해서 공증을 받는 거예요. 그러면 가능한 것 아닌가요?"

"그것도 불가능해요. 장례는 유언의 능력과 내용에 포함되지 않아요. 사전장례의향서와 마찬가지로 법적인 구속력이 없습니다. 법적인 구속력을 가지지 못하는 유언장을 공증할 변호사는 없을 거예요."

민법이 보장하는 유언의 능력과 내용은 상속과 친생부인, 인지 등에 한정되어 있다. 한마디로 말해서 돈과 관련된 항목만 법적인 구속력을 가지고, 그 밖의 것들은 모두 참고 사항에 불과한 것이다.

신청자는 자신이 고민한 방법들이 모두 불가능하다는 것을 알게 되자 기운 없는 목소리로 물었다.

"그럼, 저는 스스로 장례를 준비하지 못하는 건가요? 방법이 아예 없나요?"

"아주 제한적이기도 하고 선생님의 뜻이 온전히 반영되진 못하겠지만, 방법이 있긴 해요. 사무실로 오셔서 천천히 이야기를 나눠 보면 어떨까요?"

그리고 우리는 다음 날 사무실에서 만나기로 약속했다.

장례를 준비하자

신청자와 사무실에서 처음 만난 날이었다. 세련된 셔츠와 슬랙스에 갈색으로 염색한 머리를 보고 나는 잠시 그의 나이를 잊어 버렸다. 아무리 봐도 칠십 대로는 보이지 않았다.

나는 얼른 신청자에게 실내화를 내어 준 뒤 명함을 건넸다. 우리는 쑥스럽게 웃으며 다시 한번 인사했다.

"선생님, 안녕하세요!"

"시간을 내주어서 고마워요, 김 팀장님."

우리는 두 시간 정도 이야기를 나눴다. 대부분은 이전에 통화로 나눴던 이야기의 반복이었다. 그분은 설명을 들어도 납득이 가지 않는다고 말했다. 유언장도 소용없다는 것이 상식적으로 이해가 되지 않는다면서. 이는 대부분의 사람들이 보이는 반응이다. 자기결정권은 생전에만 유효하다. 상속을 제외하면, 자신의 의사를 죽음 이후에 존중받을 방법은 존재하지 않는다.

"그…… 가족 대신 장례에 대해서 설명해 주세요. 그걸 이용하면 제가 김 팀장님에게 장례를 맡길 수 있는 겁니까?"

나는 일단 제도에 대해 설명했다.

"무연고사망자로 확정된 이후, 법률상 가족이 아닌 이가 장례를 치르길 원한다면 신청서와 함께 몇 가지 증빙 자료를 구청에 제출해야 해요. 그러면 제가 장례주관자로 지정받아서 어르신의 장례를 치를 수 있어요."

어느새 호칭은 선생님에서 어르신으로 바뀌어 있었다. 어르신도 딱히 불편한 기색을 보이지 않아서 우리는 그때부터 '어르신'과 '김 팀장'으로 서로를 불렀다.

가족 대신 장례에 대한 얘기를 듣던 어르신이 다행이라는 듯 고개를 끄덕이면서 당장 신청서를 작성하자고 말했다. 질질 끌 이유가 없지 않느냐고.

하지만 그렇게 할 수는 없었다. 가족 대신 장례에는 몇 가지 치명적인 문제가 존재한다. 가족이 아닌 이가 장례를 치르려면 우선 고인이 무연고사망자가 되어 장례를 치를 가족이 없다는 것이 확정되어야 한다. 즉, 나는 어르신이 사망한 뒤에야 장례주관자가 될 수 있다. 설령 생전에 신청서를 미리 작성했어도 구청에서 접수를 받아 주지 않을 것이었다. 당장 위독하지 않은 이의 장례 관련 서류를 관리할 여력이 구청 주무관에게 있을 리 만무하다.

"전에 말씀드렸다시피 가족 대신 장례는 아주 제한적이고 어르신의 의사를 100퍼센트 반영하기는 어려워요. 현재 법률과 지침이 그렇습니다. 일단 차근히 현재 상황과 원하시는 바가 무엇인지 먼저 이야기해 보면 어떨까요? 그러면 제가 약속할 수 있는 것과 그렇지 못한 것이 명확해질 것 같아요. 우선 가족관계부터 시작할게요. 말씀하기 곤란하시겠지만 제가 명확하게 알아야 제대로 된 답변을 드릴 수 있어요."

가족관계를 묻자 어르신은 머뭇거리며 입을 열었다. 보통 나눔과나눔을 찾아오는 사람들 대부분은 가슴 아픈 가족사가 존재했다. 그래서 상담할 때 꼭 물어봐야 하는 질문임에도 매번 조심스럽고 긴장이 됐다.

"지금은 이혼한 상황이고요. 자녀가 둘 있는데 모두 외국에서 살고 있습니다. 저도 외국에서 살다 한국에 들어온 지는 얼마 되지 않았어요."

"혹시 자녀분들의 의사가 어떻게 되는지 아시나요?"

나는 어르신의 눈치를 살피며 조심스레 물어보았다. 장례에 있어서 가장 중요한 것은 가족의 의사다. 가족이 장례를 치르겠다고 하면, 생전에 고인이 원치 않았어도 가족의 손을 들어준다. 법률상 그렇다. 시신은 일종의 유산이고, 유산의 상속권은 가족에게 있다. 구청이 시신 인수 여부를 묻는 공문을 발송했을 때 자녀가 인수하겠다고 응답하면, 나에게는 부고조차 알려지지 않을 수 있다.

"걔네는 내 장례를 안 치를 겁니다."

어르신은 대답할 가치도 없다는 듯 딱 잘라 말했다.

"혹시 연락은 되시나요? 당사자의 예상과 달리 자녀분들이 하시는 경우도 꽤 있어서요."

"첫째와는 종종 통화를 하긴 해요. 그렇지만 안 만난 지도 꽤 됐고, 자식들이 장례를 치를 거라고 생각되지도 않아요. 그래서 저는 제 부고가 자녀들에게 알려지길 원치 않습니다."

"부고를 자녀분들에게 알리지 않을 방법은 없어요…… 제가 장례를 치르려면 어르신이 무연고사망자로 확정되어야 하는데, 그러려면 구청이 자녀분들에게 의사를 물어봐야 하거든요……."

어르신은 한숨을 쉬더니 장례를 혼자 준비하는 것이 이렇게 어려운 일인지 몰랐다며 자조했다.

애도하는 게 일입니다

"내가 싫대도 무조건 알려야 합니까? 다른 사람도 아니고 내가 알리기 싫다잖아요."

내 잘못은 아니지만 어쩐지 나 때문에 어르신의 바람이 무너지는 것 같았다. 내가 난처하다는 표정을 짓자, 어르신은 "법이 그렇다는데 어쩔 수 없죠."라고 하면서 다음으로 넘어가자고 했다. 그 말에서부터 벌써 체념이 느껴졌다.

"종교는 있으세요? 장례는 어떻게 치러지길 바라세요?"

"교회를 잠시 나가긴 했어요. 그렇다고 크리스천은 아닙니다. 종교는 신경 쓰지 마세요. 장례는 최대한 간소하게 하면 좋겠어요. 공영장례 수준이면 충분할 것 같습니다."

대략적인 파악이 끝난 뒤 우리는 계획을 세우기 시작했다. 가족 대신 장례에는 제한이 많지만, 미리 할 수 있는 것들을 최대한 준비해서 이후에 차질이 생기지 않도록 꼼꼼히 체크리스트를 만들었다. 그중 가장 먼저 해야 할 일은 어르신의 가족관계에 대한 서류를 발급받는 것이었다. 나는 어르신에게 총 네 가지의 서류가 필요하다고 말했다.

1. 가족관계증명서(상세)

2. 혼인관계증명서(상세)

3. 제적등본

4. 주민등록등본

가족관계에 대한 네 가지 서류는 공영장례 업무를 담당하는 주무관이 고인의 연고자를 파악하기 위해 확인하는 서류다. 미리 발급받아서 가족관계를 확인해 두면 어르신이 돌아가셨을 때 주무관의 업무 부담을 줄일 수 있다. 그렇게 되면 그만큼 안치 기간을 줄일 수 있고, 생전에 서류를 미리 발급받았다는 것만으로 장례주관자 지정을 받을 때 유리하게 작용될 수 있다. 또한 동주민센터에서 서류를 떼면서 사회복지전산망에 장례주관자로 지정해 둘 사람, 그러니까 내 연락처를 등록해 두면 부고를 놓칠 확률도 줄어들 거라고 말했다.

가족관계에 대한 서류를 모두 발급받았다면, 다음으로 준비할 것은 '수급자증명서'다. 무연고사망자의 행정주체는 크게 두 가지 기준, 사망지와 수급비 지급 기준으로 나뉘기 때문에 이 기준에 따라 서류를 발급받아야 한다. 고인이 수급자가 아니라면 행정주체는 사망지의 지자체가 된다. 하지만 고인이 수급자라면 행정주체는 수급비를 지급하고 관리하던 지자체가 된다. 예를 들어 서울시의 수급자가 경기도에서 사망한다면 서울시의 무연고사망자가 된다. 반대로 서울시의 수급자가 아니라면 경기도의 무연고사망자가 된다. 그래서 수급자증명서를 발급받아 관할 지자체가 어디인지 정확하게 파악하는 것이 중요하다.

'장례주관자 지정 신청서'는 사망 전에 접수하는 것이 불가능하다. 하지만 미리 작성해 두는 것쯤은 해도 좋다. 주무관은 미리 받은 신청서를 관리할 여력이 없겠지만, 나눔과나눔에서는 가능하다. 물론 이것은 장례를 약속한 어르신이 소수이기 때문에 할 수 있는 일이다. 만약 더 많은 어르신과 장례를 약속하게 된다면, 나눔과나눔이 그 일을 감당할 수 있을지는 확신이 서지 않는다.

"그래도 직접 만나서 리스트를 작성하고 나니까 한결 맘이 편하네요. 그럼 날짜를 정해서 저희 동네에서 봅시다. 동주민센터에 같이 가서 서류를 떼면 되는 거잖아요?"

어르신의 표정은 한결 편안해 보였다. 처음 사무실에 들어설 때만 해도 불안과 긴장의 기색이 역력했는데 장시간 이어진 상담이 어느 정도의 궁금증을 해소시켜 준 것 같았다.

우리는 다시 만날 날을 정한 뒤 악수를 하고 헤어졌다. 개인적으로 장례를 약속한 것은 이번이 처음이었기 때문에 앞으로 이 관계를 어떻게 형성해 나갈 것인지에 대한 과제가 생긴 것 같았다. 서류를 확인하고 신청서를 작성하는 것으로 장례에 대한 준비가 끝나는 것이 아니다. 살아 있는 동안 꾸준

히 연락하며 추억을 만드는 것. 그게 나눔과나눔이 생각하는
결연장례다.

"김 팀장님! 여깁니다!"

두 번째 만남에서 어르신은 약속 시간보다 한 시간이나
먼저 나와 있었다. 어르신이 멀리서 손을 흔들고 있었다. 나
는 약속 시간에 맞춰 나왔음에도 서둘러 뛰었다.

"안 뛰셔도 되는데……."

마스크를 쓰고 뛴 탓에 숨이 찼다. 잠시 거친 숨을 고르고
있는데 어르신이 내게 오른 주먹을 내밀었다. 나는 주먹으로
어르신의 주먹을 가볍게 툭 치며 잘 지내셨느냐고 안부를 물
었다.

"저야 뭐 국가에서 지원해 주는 밥 먹고 적당히 운동도 하
면서 지내고 있었죠. 팀장님은 코로나 때문에 바쁘시죠?"

"특별히 코로나 때문은 아니고요. 무연고사망자는 매년 꾸
준히 증가하고 있다 보니까 요즘은 오후에도 장례가 있네요."

우리는 서로 근황을 이야기하며 동주민센터로 들어갔다.
어르신은 미리 담당자에게 상황을 일러두었다며 내부에 마
련되어 있는 작은 방 안으로 나를 데려갔다. 사회복지 담당
공무원이 상담할 때 사용하는 공간인 것 같았다.

애도하는 게 일입니다

어르신은 모든 서류를 미리 발급받아 둔 상태였다. 우리는 함께 서류를 살펴보며 자녀 외의 가족이 없는지 다시 한번 확인했다. 형제나 자매는 없었다. 자녀에게서 위임서를 빨리 받을 수만 있다면 안치 기간이 길어질 것 같진 않았다.

내가 혼인관계증명서를 살펴보자 어르신은 멋쩍게 웃으며 말했다.

"살다 보니 그렇게 됐어요. 잘 살고 싶었는데 이렇게 된 것을 어쩌겠습니까."

두 번의 결혼과 두 번의 이혼. 어르신은 자신의 과거가 부끄럽다는 듯 말했다. 나는 그 말에 대꾸하지 않고 다른 서류로 시선을 돌렸다. 필요한 서류들을 어르신이 꼼꼼하게 체크해 두었기에 길게 살펴볼 필요는 없었다. 나는 서류를 잘 정리해 파일에 넣은 뒤 어르신의 담당 복지사를 찾았다.

"아~ 어르신이 말씀하셨던 나눔과나눔? 거기군요?"

담당 복지사는 어르신에게 모든 내용을 들었다며 반갑게 인사했다. 나는 잘 부탁한다고 말하며 그에게 명함을 건넸다.

"어르신이 쿨하고 친절하셔서 참 좋아요. 혹시라도 무슨 일이 생기면 여기로 꼭 연락드리겠습니다."

동주민센터에서 어르신은 환영받는 존재인 것 같았다. 우리는 동주민센터를 뒤로하고 카페로 걸음을 옮겼다. 나는 오렌지 주스를, 어르신은 아이스 바닐라라테를 마시며 도란도란 이야기를 나누었다. 우리는 일과 장례를 벗어나 일상을 주고받았다. 아침에 조깅할 때 어떤 코스로 뛰는지, 미국에서 화물차를 운전하면서 벌어진 에피소드와 오랜만에 만난 친구들이 할아버지가 되어 있어서 놀랐다는 이야기까지.

어르신의 이야기를 들으며 생각했다.

'이렇게 몇 해가 지나고, 함께 보낸 시간이 꽤 쌓였을 때 나는 어떤 마음으로 어르신을 떠나보내게 될까? 나는 울고 있을까? 힘든 시간을 보내게 될까?'

어르신이 너무도 건강해 보여서 아직은 죽음이 아득히 먼 일처럼 느껴졌다. 나는 연속해서 떠오르는 질문들을 애써 넘겨 버리고 어르신의 말에 집중했다. 미리부터 걱정할 필요는 없을 것 같았다.

애도하는 게 일입니다

예상하지 못한 이별

여느 때와 다름없는 평일 오후에 전화가 왔다. 나는 특별할 것 없는 상담 전화일 것이라고 생각했다. 하지만 그 전화는 평소와 전혀 다른 소식을 전해 왔다.

"혹시 어르신과 최근에 통화하신 적 있나요?"

전화를 건 사람은 어르신의 사례관리*를 하던 사회복지 담당 공무원이었다. 그의 갑작스러운 질문에 나는 당황했다. 당사자가 아닌 담당 공무원이 연락했다는 것 자체만으로 무언가 좋지 않은 일이 벌어지고 있다는 느낌이 들었다.

---

* 심리, 정서, 의료 등 다양하고 복합적인 어려움을 가진 지역 내 주민들에게 복지 서비스를 제공하는 일.

"최근이라고 해 봐야 2주에서 3주 전에 잠시 통화했던 게 다예요. 무슨 일인가요?"

자초지종을 물어보자 공무원이 대답했다.

"어르신이 복지관에서 배달하는 도시락을 이틀째 안 받고 계시대요. 이런 적이 처음이라고 저한테 연락이 와서 일단 제가 댁으로 가고 있어요. 어르신 정보에 선생님의 연락처가 등록되어 있어서 전화해 봤습니다. 그럼 선생님도 연락이 안 되고 있는 건가요?"

"네, 일단 저도 한번 통화를 시도해 보겠습니다."

나는 전화를 끊고 주소록에서 어르신을 찾아 전화를 걸었다. 손이 떨렸다. 그때 신호 대기음도 없이 "전화기가 꺼져 있어 소리샘으로……."라는 안내 음성이 흘러나왔다. 순간 심장이 쿵 하고 내려앉았다.

나는 다시 공무원에게 전화를 걸어 이런 적은 처음이니 소방서에 전화해 바로 문을 따고 집 안으로 들어가 달라고 당부했다.

"문 열고 들어가서 확인하신 뒤에 꼭 연락 주세요."

"너무 걱정하지 마세요. 확인하고 바로 연락할게요."

갑자기 불안감이 엄습했다. "민석아, 지금 당장 할머니 댁으로 와."라고 말하던 어머니의 음성이 머릿속을 스쳐 지나갔다.

아직 부고를 들은 것도 아닌데 나는 영정으로 쓸 사진을 찾았다. 작년 봄부터 촬영한 사진첩을 쭉 훑어보는데 어디에도 어르신과 찍은 사진이 보이지 않았다. 매일 장례를 준비하는 사람이 정작 생전에 장례를 약속한 어르신의 사진을 가지고 있지 않다니, 이 무슨 바보 같은 일인가.

4월, 5월, 6월…… 다시 해가 바뀌어 1월, 2월, 3월…… 사진첩 속 달이 바뀔 때마다 좌절과 불안이 눈처럼 불어났다. 그렇게 한참 동안 어디에도 없는 사진을 찾아 헤매고 있을 때 핸드폰이 울렸다.

어르신의 부고였다.

"그루잠은 걱정하지 말고 잠시 쉬고 있어요. 어르신의 장례는 저희가 준비할게요."

나는 같이 일하는 동료들의 배려로 업무에서 벗어날 수 있었다. 장례를 준비하기 위해 뭐라도 해야 했으나 목에 뭐가 걸린 듯 말이 바깥으로 나오지 않았기 때문에 어쩔 수가 없었다. 나는 3일간 집 안에 틀어박혀 지냈다.

"요즘 건강이 좋지 않아요. 너무 늦지 않게 나눔과나눔 직원분들 모두와 식사 한 끼 합시다."

마지막 통화에서 어르신이 했던 말이었다. 그 말이 내 머릿속을 헤집었다. 바쁘다는 이유로 번번이 뒤로 미뤘던 약속이었다. '그냥 우리 둘이서 보면 안 되나?'라고 생각하며 번거롭게 여겼다. 매일 장례가 있어 모두가 모이는 것은 불가능한데 자꾸만 어려운 부탁을 하는 어르신에게 약간 짜증이 났던 것도 같다. 나는 과거의 나를 미워하며 죄책감에 사로잡혀 있었다.

'내가 슬퍼해도 될까?'

그리고 이 질문을 스스로에게 계속 던졌다. 1년 남짓의 시간이었고 어르신을 만난 것은 다 해 봐야 네 번, 통화한 것은 한 달에 두어 번이 전부였다. 일을 쉴 정도로 힘들어 하는 게 맞는 걸까 확신이 없었다.

'지금 내가 느끼는 감정이 과한 게 아닐까?'

나는 끊임없이 지금 느끼는 감정이 정당한지 의심했다.

나 스스로를 괴롭히고 있던 그 시각, 어르신의 장례는 모퉁이의 리드로 큰 차질 없이 준비되고 있었다. 코로나19로 인해 사망자가 폭증하여 안치실 대란이 터졌던 시점이라 걱정이 많았는데, 다행히 어르신은 인근의 장례식장에 안치될 수 있었다.

"시신도 무사히 안치되었고, 자녀분들과 연락도 바로 닿았으니 오래 기다리지 않아도 될 것 같아요. 자녀분들이 한국으로 입국하실 거래요. 장례도 직접 치르시겠다고."

바닥에 누워 모퉁이의 전화를 받고 안도의 한숨을 내쉬었다. 사실 나는 어르신의 자녀들이 구청의 연락에 응답하지 않는 최악의 상황을 가정하고 있었다. 어르신은 자녀들에게 부고가 알려지길 원하지 않았고, 장례도 자녀가 아닌 내가 하길 바랐다. 하지만 그렇게 하면 너무 오랜 시간이 걸렸다. 나는 어르신을 안치실에 오래 두지 않아도 된다는 생각에 안심이 되었다.

"장례식장에 사용 가능한 빈소가 없대요. 우리가 사무실에 직접 빈소를 마련해야 할 것 같은데, 주말에 오후 일찍 만나서 같이 준비할래요? 괜찮겠어요, 그루잠?"

"당연히 그래야죠. 한 시쯤 망원시장에서 만날까요?"

"그렇게 합시다."

전화를 끊은 뒤 나는 자리에서 일어났다. 언제까지고 가만히 있을 수는 없었다. 어르신과 장례를 약속했고, 그 약속을 지키는 것이 내 일이었다.

"이제 일해야지."

이렇게 중얼거리며 찬장을 열었다. 3일간 공복으로 지냈더니 허기가 한꺼번에 밀려왔다. 체력이 있어야 장례도 치를 수 있다는 생각에 초콜릿을 입에 넣으면서 마음을 다잡았다.

주말 오후 한 시, 모퉁이와 장을 본 뒤 사무실에 도착해 장
례식을 준비했다. 의자들을 건물 옥상으로 올리고, 사무실 절
반을 차지하고 있는 커다란 회의 책상을 한쪽 구석으로 몰았
다. 간이 테이블 두 개를 나란히 펼쳐 두고 그 위에 하얀 천을
덮으니 그럴싸한 제단의 모습이 갖춰졌다. 모퉁이는 그 위에
능숙하게 음식들을 올리기 시작했다.

그사이 나는 꽃집에서 헌화를 위한 장미를 구입했다. 회
의 책상이 빠진 자리를 청소하고, 장례식을 위한 식순을 작성
했다. 시간은 쏜살같이 지나가고 어르신의 자녀들이 곧 도착
한다는 연락을 받았다. 긴장이 되었다.

'자녀분들에게 어떻게, 무슨 말을 해야 할까?'

어르신은 유독 자녀들에 대한 이야기를 아꼈다. 연락을
잘 하지도 않고, 그렇기 때문에 본인의 장례를 치를 리 없다
고 몇 마디로 일축했다. 두어 달 전에 자녀에게서 시신처리위
임서를 미리 받아 두었다는 말을 마지막으로 하시고는 모든
준비가 다 끝났다고 했다. 그러곤 더 이상의 언급은 하지 않
았다. 솔직히 그 서류는 어르신이 살아 계실 때 받은 것이고,
구청이 직접 받은 것이 아니기 때문에 효력을 가지지 못할 것
이었다. 하지만 나는 차마 말하지 못했다.

이런저런 생각을 하고 있을 때 초인종이 울렸다. 어르신

애도하는 게 일입니다

의 자녀들이었다. 심호흡을 하고 사무실의 문을 열었다.

'이제 곧 장례가 시작된다. 나는 나눔과나눔의 직원으로서 어르신의 자녀분들에게 애도의 시간과 공간을 제공해야 해.'

다시 한번 마음을 굳게 먹고 사무실로 들어오는 어르신의 자녀들을 안내했다.

자녀들은 장례식이 진행되는 내내 아버지의 죽음을 슬퍼했다. 자신의 장례를 치러 줄 리 없다고 말하던 어르신의 이야기와는 정반대였다.

"아버지가 그렇게 말씀하셔서 정말 서운했어요."

장례식을 마치고 나서 우리는 한동안 이야기를 나눴다. 대부분이 어르신이 사망하기 전 나와 어떤 시간을 보냈는지에 대한 내용이었다. 내 이야기를 가만히 듣던 자녀가 피곤함이 잔뜩 묻어 나오는 얼굴로 말했다.

"그래도 다행이네요. 아버지가 의지할 수 있는 사람이 있었다는 게요."

그 말에 복잡한 감정이 일었다. 나보다 훨씬 힘들 그에게 뭐라 위로의 말을 건네야 할지 몰라 고개를 숙이고 바닥만 쳐다보았다. 우리는 한동안 말없이 서로의 한숨 소리를 들으며 생각에 잠겼다.

자녀들은 어르신의 장례를 직접 치르려는 의사가 있었고, 실제로 그렇게 하고 있었다. 어르신의 말만 들었을 때는 남보다 못한 사이라고 생각했는데, 정작 그들을 직접 만나 보니 전혀 아니었다. 자녀와의 관계에 대해 어르신에게 묻고 싶었지만, 이제는 영원히 물어볼 수 없게 되었다.

'만약 어르신의 유언이 법적인 구속력을 가져 자녀에게 부고조차 알리지 않았다면 어떻게 되었을까? 당사자의 뜻이 가장 중요하니 그것이 마냥 옳은 일일까? 아버지를 애도할 자격을 박탈당했다면, 자녀는 일상을 온전히 누리며 살 수 있었을까?'

숱하게 만나 온 무연고사망자의 지인들이 떠올랐다. 자격이 없다는 이유로 애도할 권리를 박탈당한 사람들의 얼굴이. 순간 아찔한 기분이 들었다. 당사자의 뜻이 가장 중요하다는 데는 이견이 없다. 하지만 그걸로 다 괜찮은 것인지는 확신이 들지 않는다.

어르신과 자녀들 사이에 어떤 일들이 있었고, 어르신이 무슨 이유로 그들에게 부고를 알리고 싶어 하지 않았는지 나는 영원히 알 수 없다. 하지만 어르신의 뜻이 그대로 관철되었을 때 누군가의 일상이 망가졌으리라는 사실은 알게 되었다. 어르신에게는 약속을 못 지켜 죄스러웠지만, 내가 아닌 자녀들이 장례를 치러 다행이라는 생각이 들었다.

어르신의 자녀들과 시간을 보내면서 나 역시 큰 위로를 받았다. 조금이나마 비슷한 형태의 슬픔을 느끼는 사람들과 함께 애도한다는 것만으로도. 그리고 그것이 앞으로의 애도 과정을 견딜 수 있는 버팀목이 되어 주었다.

당신은 혼자가 아니라고 인기척을 내는 일. 매번 나눔과 나눔을 소개할 때 했던 그 말이 처음으로 마음에 와 닿았다.

장례를 치르고 수개월이 흘렀을 때, 업무를 보다가 자원봉사자 명단에서 어르신의 이름을 보았다. 나는 여전히 슬펐다. 버스를 타고 가다가 어르신을 배웅했던 지하철역을 보면 우울함이 밀려왔다.

어르신이 돌아가신 뒤로 결연장례를 약속한 어르신들을 떠올리면 벌써부터 겁이 난다. 이런 감정이 앞으로도 수차례 예정되어 있다고 생각하면 숨이 막히는 것 같다. 그때마다 나는 어르신의 장례를 치르며 자녀들과 나누었던 대화를 떠올린다. 3일간 먹지도, 씻지도 않고 하염없이 '애도할 자격'에 대해 생각하며 스스로를 괴롭히고 있었는데, 그때 자녀들은 내게 "함께해 주셔서 다행이에요. 아버지도 기뻐하시겠죠?"라고 말해 주었다. 그 말이 나에겐 구원과도 같았다. 슬퍼할 자격이, 애도할 자격이 충분하다고 말하는 것 같았다.

가족이든 아니든, 나이가 적든 많든, 성 정체성과 지향, 장애, 자본의 유무와 상관없이 애도의 권리는 누구나 가지고 있다. 그리고 나처럼 의심과 불안을 가지고 있는 사람들에게 꼭 말하고 싶다.

"당신이 누구이든, 고인과 어떤 관계이든 상관없습니다. 제가 그랬던 것처럼 애도의 웅덩이에 뛰어들어도 됩니다. 그 것이 우리를 힘든 시간 속에서 완전히 해방시켜 주진 못할 테지만, 적어도 언제든 뛰어들었다 빠져나올 수 있는 웅덩이가 될 수는 있습니다. 그리고 그 웅덩이는 온전히 나의 것이니 의심하지 않아도 됩니다. 우리에겐 그럴 권리가 있으니까요."

우리는 모두 애도할 권리, 애도받을 권리를 가지고 있다.

애도하는 게 일입니다

어르신에게 보내는 편지

　유월의 어느 날, 어르신이 식사를 대접하겠다면서 사무실 근처로 찾아오셨던 게 기억난다. 마침 어르신의 생일이 일주일 뒤였기 때문에, 나는 DJ에게 당일에 있던 장례를 부탁하고 사무실 맞은편에 있는 베이커리에 들러 케이크를 구매했다.

　우리는 한정식 집에서 만나 식사를 했다. 매번 쫓기듯이 급하게 점심을 먹던 나에게 어르신과의 느긋한 식사는 선물 같은 시간이었다. 식사가 끝나갈 즈음 나는 준비한 케이크를 꺼냈다. 예상치 못한 케이크에 어르신은 놀란 눈치였다.

　"곧 어르신 생신이잖아요. 아마 당일에는 찾아뵙기 힘들 것 같아서요."

어르신은 쑥스러워 하면서 고마워했다. 나는 케이크에 초를 꽂고 불을 붙였다. 우리는 생일 축하 노래를 부르고 잠시 소원을 빈 뒤 촛불을 껐다.

"내년에는 생일 당일에 만나요!"

내 말에 어르신이 미소를 지었던 것 같다. 사실 내 기억 속에 그때의 일들이 유독 흐릿하다. 다음을 기약하는 말에 어르신이 어떤 표정을 지었는지 정확하게 기억나지 않는다. 어르신은 그 순간에도 죽음을 생각하고 있었을까?

지금 돌이켜 보면 1년이라는 짧은 시간 동안 다양한 추억을 만들었던 것 같다. 서로의 생일을 챙기고, 소소한 선물을 주고받고, 수많은 이야기를 나누었다. 그리고 무엇보다 죽음에 대한 고민과 생각을 주고받았다.

나는 당연히 앞으로도 그런 시간들을 쌓아 갈 것이라고 생각했다. 어르신의 죽음 앞에 속절없이 무너졌던 이유가 바로 여기에 있었다. 나의 그 섣부른 판단 때문이었다. 매일 누군가를 떠나보내는 일을 하는 내가, 정작 마지막을 약속한 어르신과의 작별은 대비하지 못했다는 생각이 들었다. 그리고 이제야 어르신에게 하지 못했던 말을 편지로나마 전해 보려고 한다.

애도하는 게 일입니다

어르신에게

봄이 쏜살같이 지나가고 벌써 여름이 왔네요. 어르신의 장례가 까마득히 먼 옛날 일처럼 느껴지는데, 되짚어 보니 고작 한 달이 지났을 뿐이더라고요. 아마도 그사이에 계절이 바뀌어서 더 그렇게 느껴지는 것 같습니다.

언젠가 겪을 이별이라고는 늘 생각했지만, 이렇게 빨리 그 순간이 다가올지 몰랐습니다. 저는 어르신의 부고를 들었던 순간부터 장례가 마무리될 때까지 정신을 제대로 차리지 못했어요. 장례를 약속한 건 저인데, 모퉁이가 거의 모든 준비를 대신해 줬네요. 그래서인지 작년 말에 어르신이 모퉁이에게 장난처럼 말씀하셨던 게 생각나더라고요.

"상임이사라는 사람이 너무 다른 직원들에게 일을 떠맡기는 거 아닌가요?"

그래도 이별의 순간엔 모퉁이가 제대로 일하시는 모습을 보고 가셨네요. 젊으셨을 때의 사진으로 멋지게 만든 영정과 푸짐한 제물상은 마음에 드셨나요? 그게 전부 모퉁이의 솜씨였어요.

어르신의 장례는 생각보다 곡절이 많았습니다. 그럼

에도 불구하고 다행히 별일 없이 잘 치러졌어요. 가족에게 부고를 알리지 말고 저와 나눔과나눔이 알아서 해 달라고 하셨는데, 그 약속은 지키지 못했습니다. 어르신에게 제가 매번 얘기했었죠? 가족에게 부고를 알리지 않을 방법은 없다고요. 그리고 가족이 직접 장례를 치르고 싶어 하면 그걸 막을 수는 없다고요.

어르신이 제게 늘 하셨던 말씀과는 달리, 가족들은 어르신을 많이 사랑했고, 그래서 많이 슬퍼했어요. 장례를 치르는 내내 그들과 어르신에 대한 이야기를 나눌 수 있어서 저에게는 참 다행이었습니다. 그러니까 약속을 못 지켰다고 너무 탓하지는 말아 주세요.

너무 늦지 않게 나눔과나눔의 식구들과 다 같이 식사하자고 했던 어르신의 말씀이 생각납니다. 지금은 바쁘니 나중에 자리를 만들겠다며 미뤘는데, 돌아가신 뒤로 그 약속을 지키지 못한 게 계속 후회가 되네요. 그때는 너무 바빠서 그게 참 어려운 일이라고 생각했어요. 지금은 언제든 괜찮은데, 이제 기회가 없네요.

조각구름처럼 사라지고 싶다 하셨죠. 사무실에 있는 어르신의 위패는 조금만 더 보관할게요. 아직은 어르신의 부재가 완전히 실감나지 않아서요. 계절이 바뀌고 비

애도하는 게 일입니다

로소 어르신을 떠나보낼 마음이 생겼을 때 어르신의 바람대로 지방을 태워 구름처럼 하늘에 띄울게요. 1년 남짓의 시간이었지만 종종 만나 밥을 먹고, 가끔 전화로 안부를 물을 수 있어서 즐거웠습니다.

행복할게요. 어르신도 행복하세요.

2022년 5월 11일

김민석 팀장 올림

가장 중요한 것은
애도입니다

시침이 여덟 시를 가리키고 있었다. 퇴근 시간을 훌쩍 넘긴 사무실에는 짤깍이는 가위 소리가 울려 퍼졌다. 나와 모퉁이는 말없이 종이 공작에 열중했다. 프린터로 출력한 글자를 손수 가위로 오리고 포맥스판에 이리저리 붙여 추모판을 만들었다.

"그루잠은 한 번도 만난 적이 없죠?"

모퉁이의 물음에 고개를 끄덕이며 긍정했다. 동자동에 제물을 전달하러 여러 번 방문했지만 고인을 직접 만난 적은 없었다. 요 며칠 주민들과 모퉁이가 나누는 이야기를 들어 보니고인은 마을주민협동회의 이사장인 것 같았다. 동자동 쪽방

촌 입구에 위치한 마을 사랑방은 이웃이자 이사장인 고인의 갑작스런 부고에 먹먹한 공기를 안고 있었다.

"겉으로 보기에는 건강해 보이셨는데, 이렇게 갑자기 돌아가실 줄은 몰랐네요⋯⋯."

모퉁이가 말끝을 흐렸다. 종종 웃으며 인사를 나눈 사람이 세상을 떠났다는 사실은 이렇듯 현실 감각을 무디게 만든다. 모퉁이가 나보다 훨씬 죽음에 익숙할 것이라 생각했기 때문에 그의 반응이 당황스러웠다. 침묵으로 동조해야 할지, 위로의 말을 건네야 할지, 나는 모퉁이의 눈치를 살폈다.

지금 돌이켜 보면 참 어리석은 생각을 했던 것 같다. 일을 하며 겪은 이별의 횟수에 비례해서 그의 마음속에 굳은살이 박였을 것이라고 추측했다. 하지만 장례를 치르러 가는 길이 익숙해질 수는 있어도, 관의 무게와 유골의 뜨거운 감촉은 도무지 익숙해지지 않는다.

"이플에게 내일 장례를 맡아 달라고 부탁했어요. 그루잠이랑 저는 지금 만드는 추모판만 마무리하고 내일 사무실에서 만나요. 그루잠이 식순이랑 빔프로젝터에 쏠 피피티를 만들어 주세요. 저는 오전에 시장에 들러서 국화와 제물을 챙겨 올게요. 오후 세 시쯤 사랑방으로 갑시다. 저녁때 추모식을 진행할 예정이라고 하니까 그즈음에 가서 미리 준비합시다."

"알겠습니다."

짧게 대답한 뒤 나는 다시 가위질에 열중했다. 이 일을 시작하고부터 매일같이 장례를 치러 왔지만 이렇게 마을 단위의 추모식을 준비하는 것은 처음이었다. 벌써부터 긴장되어 어깨가 뻣뻣해졌다. 최근에 만난 사람들이 모두 추모식을 앞두고 울적해 있었다. 고인의 장례를 바로 치를 수 없음에 안타까워하면서.

마을을 위해 애썼던 고인이 안치실에 머무는 날이 점점 길어질수록 그 안타까움은 짙어져만 갔다. 누구의 것인지 모를 한숨이 사무실에 깔렸다. 사람이 죽어도 시간은 계속 흘러간다. 시계의 초침은 꾸준히, 그리고 묵묵히 움직였다.

장례 당일, 마을 어귀부터 사람들로 북적였다. 생각보다 조문객이 훨씬 많은 듯했다. 모퉁이와 내가 공원에 도착하자마자 먼저 와 있던 동자동 주민들이 우리를 반겨 주었다. 나는 낯익은 주민들과 반갑게 인사를 하면서 추모판을 설치했다. 하지만 바람이 너무 많이 불어서 추모판을 놓은 이젤이 픽픽 쓰러졌다. 그것 때문에 내가 난감해 하고 있는데, 한 주민이 제안을 했다.

"의자를 가져와서 거기에 고정하면 어떨까요?"

그러자 이번엔 다른 주민이 어느새 테이프와 나무 의자를 빌려 왔다. 추모판을 의자 등받이에 기대어 놓고 테이프로 고정하니 바람에 쓰러질 걱정은 없어 보였다. 그렇게 주민들의 도움으로 추모제가 준비되었다.

오후 일찍 마련된 야외 빈소에는 많은 사람이 드나들었다. 주민 중 한 사람이 상주를 맡아 조문객을 맞이했고, 사람들은 고인의 영정 앞에서 술을 올리고 절을 하고, 때로는 헌화와 묵념으로 인사를 건넸다. 동네 이웃, 인접한 경찰서의 순경, 생전에 고인을 인터뷰했던 기자, 반빈곤 운동을 함께했던 동료들의 발걸음이 끊이지 않았다.

추모판 앞에서 사람들을 안내하고 애도의 메시지를 받으면서 생각했다. 90년대 이후에 태어난 나에게는 생소한 모습이지만, 아버지께 전해 들은 마을 장례가 딱 이런 모습이 아닐까 하고. 불과 20~30년 전만 해도 집에 빈소를 꾸려 조문객을 받거나, 마을 회관이나 공터에서 장례를 치르는 일은 별로 특별하지 않았다고 한다. 그러고 보니 나는 그동안 장례에 대한 고정된 상을 가지고 있었던 것 같다. 장례식장에서 조문객을 받고, 육개장 같은 정해진 음식을 제공하는 것이 일반적인 장례의 모습이라고 생각했다. 헌데 이번 마을 장례를 통해 그 고정관념이 깨졌다.

중요한 것은 사람들의 '애도'이다. 장례의 모습이 어떻든 지 간에 애도를 위한 시간과 공간만 제공된다면, 어디든 빈소 가 될 수 있다.

시간이 흐르고 어느새 추모판에는 사람들이 작성한 애도 의 메시지가 잔뜩 붙었다. 누군가는 추억을, 누군가는 못다 한 말을 적어 놓았다. 추모판 맞은편에는 기다란 줄에 고인 의 사진들이 고정되어 있었는데, 바람이 살랑살랑 불 때마다 고인의 모습이 눈에 들어왔다. 카메라를 향해 수줍게 웃고 있 는 고인, 먼저 떠난 이웃의 위패와 영정을 들고 있는 고인, 동 네를 청소하고 있는 고인……. 사진 속에는 고인의 생의 순간 들이 담겨 있었다. 생전에 고인은 언제나 이웃들과 함께였다. 그리고 죽어서도 여전히 함께하고 있었다.

해가 지고 사위가 어두워지자 나는 랩탑 앞으로 자리를 옮겨 앉은 뒤 피피티를 켰다. 묵념으로 시작된 추모식. 모두 눈을 감고 고개를 숙였다. 떠들썩하던 공원에 침묵이 깔렸다.

얼마간의 시간이 흐른 뒤, 고개를 들어 달라는 사회자의 말 에 사람들이 눈을 떴다. 순서는 자연스럽게 약력 소개로 넘어 갔다. 고인과 함께 마을을 위해 애쓰던 주민이 마이크 앞에 섰 다. 그의 입에서 굴곡진 고인의 삶이 파노라마처럼 펼쳐졌다.

추모식은 한 사람의 리드로 진행되지 않았다. 약력 소개

애도하는 게 일입니다

뿐 아니라 경과보고, 추모사, 감사 인사 등 장례에 참석한 사람들은 저마다 역할을 하나씩 맡고 있었다.

"······이것으로 이사장님의 약력 소개를 마치겠습니다."

고인의 인생사가 축약된 약력 소개가 끝나고, 다음 순서는 경과보고의 시간이었다. 고인이 언제, 어떻게 사망했으며 장례를 치르기까지 어떤 일이 있었는지 조문객에게 이야기하는 순서였다. 피피티를 넘겨 경과보고 화면을 띄웠다. 이번에 마이크를 잡아야 할 사람은 고인과 가깝게 지냈던 주민협동회의 간사였다. 하지만 스크린 앞에 서 있는 사람은 모퉁이였다.

"저는 나눔과나눔의 박진옥입니다. 보통은 모퉁이라고 불립니다."

나는 영문도 모른 채 상황을 지켜보았다. 모퉁이는 자신이 주민협동회 간사님 대신 나왔다며 능숙하게 경과보고를 하기 시작했다.

나중에 모퉁이에게 당시의 상황을 전해 듣고서야 나는 이해할 수 있었다. 가깝게 지내던 이의 죽음에 대해 이야기하는 것이 감정적으로 얼마나 힘든 일인지를. 경과보고 안에는 수일간 장례가 미뤄질 수밖에 없었던 이유들이 적혀 있었다.

'만약 내가 고인과 가까운 사이였다면 직접 경과보고를

할 수 있었을까?'

감히 그 만약을 가정해 보니 목이 메어 왔다. 그리고 그때서야 그 일을 감당할 수 있는 누군가, 모퉁이가 대신해야 했던 게 이해가 갔다.

그날 고인의 장례에 참여한 모든 사람이 조문객이자 상주였다. 슬픔에 젖어 자신의 역할을 수행할 수 없는 사람의 곁에는 그를 대신해 줄 다른 상주가 있었다. 슬픔을 나누는 것은 불가능했지만 서로의 역할을 나누는 것은 가능했다. 우리는 누구도 혼자가 아니었다.

공동체의 애도. 고인의 장례를 통해 그것이 어떤 모습이고, 어떻게 가능한지 알 수 있었다. 그리고 다시 한번 깨달을 수 있었다. 가장 중요한 것은 '애도'라는 것을.

모두가 충분히 애도할 수 있다면 공간과 방식은 중요하지 않다. 장례를 장례식장에서 치르지 않아도 되고, 혈연으로 이루어진 누군가가 상주를 맡아야 할 필요도 없다. 공동체가 함께 합의한 절차와 방식대로 장례를 치르면 된다. 가족이 아니라는 이유로, 돈이 없다는 이유로 애도를 박탈당하는 사람이 존재하지도 않는다.

빈소를 마련하고 식사를 대접할 형편이 안 되는데 장례식

애도하는 게 일입니다

에 찾아오겠다는 분들의 발걸음을 막을 수 없어 딜레마에 빠진 사람들이 있다. 상담을 하면서 이런 사람들을 만날 때면 나는 마을 장례에 대한 경험을 공유하곤 한다. 그리고 장례식장의 빈소만이 조문객을 대접할 수 있는 공간은 아니라고 덧붙여 말한다. 할 수만 있다면 집에 빈소를 마련할 수도 있고, 식사를 대접하고 싶다면 장례식장 근처의 식당을 알아볼 수도 있다. 물론 사회에서 생각하는 일반적인 장례의 모습과 달라 이를 실행에 옮기는 것은 용기를 필요로 한다. 하지만 다른 방법이 있고, 그렇게 해도 괜찮다는 말이 누군가에겐 위안이 되지 않을까.

시신의 안치, 염습, 입관, 운구는 당연히 장례식장과 전문 상조 회사들의 영역이다. 그러나 애도는 그렇지 않다. 애도는 온전히 사별자의 것이다. 우리의 삶과 죽음은 저마다 다르고, 이별의 방식도 그렇다.

애도에 틀린 방법은 없다.

치즈가 사라졌다

일을 하다 보면 강의를 나갈 일이 종종 생긴다. 주로 본인의 장례가 걱정되는 중장년이나 어르신, 혹은 이쪽 분야에 관심이 많은 시민사회단체나 자원활동가들이 강의 대상이다.

한번은 모퉁이가 강의를 하던 도중에 받은 질문 때문에 잠시 말문이 막혔다고 한다.

"가족들이 장례를 치르고 싶은데 돈이 없다? 그건 당연히 국가가 지원해야죠. 가족이 없는데 친구들이 장례를 치르고 싶어 한다? 그것도 당연히 지원해야 하고요. 근데, 왜 아무도 없는 사람의 장례까지 치러 줘야 해요? 고인이 우리가 장례 치러 줄 거라고 알았던 것도 아니잖아요. 그럴 예산으로 살아 있는 사람을 더 도와줘야 하는 거 아닌가요?"

모퉁이는 잠시 생각하다 그 질문에 이렇게 답변했다.

"제가 쪽방에 갔을 때의 일입니다. 거기에 살고 계신 분과 장례에 대해 이야기를 나누고 자리에서 일어났을 때 방 벽에 적힌 제 핸드폰 번호를 보았어요. 그게 의미하는 바는 아마 이런 거겠죠. '내가 방 안에서 죽은 채 발견되었을 때 이 번호로 누군가 연락하면 적어도 내 장례는 치러 주겠지.' 물론 고인은 자신의 장례가 치러지는지 모르겠죠. 하지만 애도가 필요한 사람과 필요하지 않은 사람을 우리 사회가 구분 짓지 않고 모두의 마지막을 존엄하게 대한다면, 우리는 살아가면서 죽음에 관한 한 가지 불안은 내려놓을 수 있습니다. 고립된 사람들에게, 자신의 죽음 이후가 걱정인 사람들에게 공영장 례는 우리 사회가 내는 인기척이 될 수 있어요."

강의를 할 때마다 나는 이 일화를 인용해 공영장례의 필 요성을 설명하곤 한다. 그런 다음 애도가 왜 중요한지 덧붙 인다.

"한번 상상해 보세요. 오랜만에 친구에게 연락했는데 어찌 된 영문인지 그 친구가 이 세상에서 증발한 것처럼 사라진 거예요. 무슨 일인가 싶어 여기저기 알아보고 다녔더니 친구가 몇 달 전에 죽었대요. 그런데 가족이 없어서, 혹은 가족이 시신 인수를 하지 않아서 무연고사망자가 되었다는 거죠. 친구는 보건 위생상의 이유로 처리된 거죠. 그리고 나는 가족이 아니라는 이유로 친구의 부고조차 알 수 없었던 것이고요. 나는 과연 친구의 죽음을 제대로 소화해 낼 수 있을까요?"

모퉁이가 겪었던 일화와 내 말이 사람들을 납득시킬 만큼 공영장례의 필요성에 대한 충분한 설명이 되는지는 잘 모르겠다. 그래도 이 이야기를 하면 대부분 이해하는 듯하다. 적어도 강의 도중에 재차 묻는 일은 아직까지 없었으니까.

공영장례의 필요성에 대해서는 앞서 많은 사례를 통해 이야기해 왔기에, 지금부터는 '박탈된 애도'에 대한 이야기를 하려고 한다. 도카 박사는 상실을 공개적으로 인정받을 수 없고, 공개적으로 애도할 수 없으며, 사회적으로 지지받을 수 없을 때 경험하는 애도를 박탈된 애도라고 명명했다. 이는 사람들의 애도 과정을 제한하며 무가치한 것으로 여겨지게 만들고, 낙인을 수반한다(Habarth et al., 2017; Worden, 2008).

가족이 아니라는 이유로 누군가의 마지막을 지킬 수 없다는 것은 나도 상상만 했을 뿐이지 직접 경험한 적은 없다고 여겼다. 그래서 강의를 할 때면 박탈된 애도의 경험을 상상해 보라고 제안했다.

그러던 어느 날 나는 깨닫게 되었다. '박탈된 애도'는 승화원에서 치즈와의 만남과 상실을 통해 경험했던 일이었음을. '나는 그런 적 없다.'라고 애써 부정하고 있었을 뿐이라는 것을.

나눔과나눔에서 일을 시작한 지 일주일 정도 되었을 때였다. 장례가 늘 마무리되는 유택동산에서 치즈를 만났다. 치즈는 노란색과 흰색이 섞인 털과 다부진 몸을 가진, 겁 없이 사람에게 다가오면서도 누군가 손을 뻗으면 순식간에 할퀴는 용맹한 대장 고양이였다. 그런 치즈에게는 항상 같이 다니는 고양이 무리가 있었다. 매일같이 승화원에서 장례를 치르는 내게 치즈 무리와 잠시 시간을 보내는 것은 정말 소중했다. 하루 종일 들었던 사람들의 흐느낌과 한숨을 잠시라도 잊을 수 있었으니까.

처음 만났을 때는 멀리서 사진만 열심히 찍었는데 어느 순간부터는 내가 밥을 챙겨 주고 있었다. 그런데 시간이 흐르고 승화원 직원들과 안면을 트면서, 그들이 이미 고양이들의 밥을 챙기고 있다는 사실을 알게 되었고, 그 후로 나는 간식 정도만 챙겼다.

치즈는 도도했다. 내가 주는 간식을 맛있게 받아먹으면서도 결코 품을 내어 주지 않았다. 몇 번 가까이 다가가려다가 치즈가 할퀴어서 피를 보았고, 그 후로 '그래, 보기만 해도 좋으니까 손을 뻗지는 말자.'라는 생각에 간식을 주거나 사진을 찍기만 했다.

치즈를 만난 지 1년 정도 시간이 흐른 어느 여름날이었다. 유택동산에 유골함을 모시고 내려가는데, 치즈가 나를 보자마자 간식을 달라는 듯 울었다. 나는 일을 마친 뒤 주겠다고, 치즈가 알아듣지 못할 대답을 한 채 발걸음을 옮겼다. 그런데 그날 치즈는 내가 장례를 모두 마치고 사람들과 인사를 나눌 때까지 내 바지에 얼굴을 부비며 그르릉대기도 하면서 나를 졸졸 쫓아다녔다. 처음 있는 일에 당황했지만, 혹시나 하는 마음에 1년 만에 다시 손을 뻗어 보았다. 치즈는 기다렸다는 듯 내 손을 핥으며 얼굴을 비볐다.

그 후로 치즈와 보내는 시간들은 더욱 특별한 의미를 가지게 되었다. 유독 힘든 장례를 마친 날이면 치즈는 어김없이 유택동산에서 나를 기다렸고, 혹여 치즈가 안 보이는 날이면 한참을 찾아 헤매다 아쉬워하며 집으로 돌아온 적도 있었다. 치즈는 일을 시작하며 알게 된 존재 중 가장 각별했다. 적어도, 나는 치즈를 친구라고 생각했다.

그렇게 시간이 흐르고 치즈와의 추억이 많이 쌓여 가던 어느 날, 치즈는 흔적도 없이 사라졌다. 종종 며칠간 보이지 않다가 다시 나타나기도 했기에 처음엔 대수롭지 않게 넘겼다. 그런데 며칠이 몇 주가 되고 두어 달쯤 지나자 나는 인정할 수밖에 없었다. 다시는 치즈를 볼 수 없다는 것을.

그때서야 생각났다. 치즈가 언제부턴가 밥을 거르고, 좋아하던 간식을 거부하던 것이. 제대로 그루밍을 안 해서인지 털이 뭉쳐 있고 무리 밖의 고양이가 접근하면 도망치기에 급급했던 모습들이 떠올랐다. 상태가 걱정되어 병원에 데려갈까 싶었는데, 내가 고민하던 사이에 치즈는 사라져 버렸다.

'치즈는 죽은 걸까? 아니면 영역에서 밀려나 다른 곳으로 떠난 걸까?'

나는 치즈가 유택동산을 떠나는 마지막 모습을 보지 못했기 때문에 섣불리 애도할 수도 없었다. 이상한 감정이었다. 우울하고 슬펐지만 누군가에게 이야기할 수도 없었다. 고작 2년 남짓 본 길고양이에게 과한 감정을 느낀다는 말을 들을까 봐 두려웠다.

시간이 꽤 흘렀지만 지금도 치즈를 생각하면 마음이 이상하다. 보고 싶고, 슬프고, 내가 느끼는 이 감정들이 정당한 것인지 의문이 들기도 하고.

박탈된 애도. 나는 더 이상 가상의 친구를 만들어 상상할 필요가 없어졌다. 치즈를 떠올리면 됐다. 조문객을 받느라 슬퍼할 겨를이 없던 할머니의 장례를 떠올리면 됐다. 침몰하는 배에서 빠져 나오지 못한 아이들을, 장례식장 입구에서 서성이다 차마 들어가지 못하고 돌아왔던 어느 날 밤을 떠올리면 됐다.

그리고 어쩌면 이건 특별한 경험이 아닐 수도 있을 거라는 생각이 들었다. 내 강의를 듣던 사람들이 굳이 가상의 친구를 만들지 않아도 됐다는 생각이 들었다. 그렇기에 공감할 수 있었던 것 아닐까?

우리나라에 2020년 한 해 동안 발생한 무연고사망자는 3천여 명이다. 그중 대부분은 보건 위생상의 이유로 '처리'되었을 것이다. 부고를 알릴 기회조차 갖지 못한 채 세상을 떠났을 것이다. 세상에 인연을 맺지 않고 사는 사람은 없다. 그 3천여 명에게 인연이 세 사람만 있다고 가정해도 9천이라는 숫자가 나온다.

무연고사망자를 애도할 시간과 공간을 제공한다는 것은 수많은 사람들에게 '슬퍼도 된다.'라는 위로를 건네는 일이다. 그 누구도 박탈된 애도를 경험하는 일이 없도록, 상실의 아픔이 일상을 해치지 않도록.

애도하는 게 일입니다

선택지가 없는 애도

내가 빈소에 들어섰을 때, 도톨은 이미 도착해 있었다. 오전에 치러지는 두 고인의 장례식에 모두 참여자가 있어 원래의 시간보다 서둘러서 나온 듯했다. 나는 가볍게 목례를 한 후 도톨 맞은편에 있는 이에게 다가가 명함을 건넸다.

"안녕하세요. 서울시 공영장례 상담센터의 김민석 팀장입니다. 실례지만 어느 분 장례에 오셨나요?"

"안녕하세요. 오늘 김형수 할아버지 장례가 있다고 해서 왔어요."

업무 메신저에 DJ가 공유한 '요양보호사 참여 예정'이라는 문구가 생각났다. 연세가 적지 않은 참여자는 요양보호사인 것 같았다.

"혹시 상담센터로 연락 주셨던 그 요양보호사분 맞나요?"

내 질문에 그는 반가운 미소를 지으며 대답했다.

"네, 전화했던 게 저예요. 그때 친절하게 안내해 주셔서 찾아올 수 있었어요."

처음 고인의 공문을 받았을 때는 참여자가 아무도 없을 것이라 생각했다. 요양보호사가 상담센터에 연락해 자신이 방문하던 집의 어르신이 사망했고, 가족이 없는 무연고자라서 장례가 걱정된다는 이야기를 하지 않았다면 꼭 보내야할 부고를 놓쳤을 것이다. 지자체는 장사법에 명시된 연고자에게만 부고를 알린다. 따라서 연고자가 아닌 이가 장례에 참여하기 위해서는 적극적으로 자신의 존재를 드러내야만 한다.

"저는 그냥 화장되는 것만 볼 거라고 생각했어요. 그런데 막상 와서 보니 이렇게 꽃 장식도 있고, 상도 차려져 있어서 너무 좋네요. 고맙습니다."

요양보호사는 고개를 숙이며 감사 인사를 했다. 나는 멋쩍게 웃으며 대략적인 장례 일정을 안내한 뒤 의전업체 장례지도사분들을 소개했다.

"상차림은 이분들이 다 하신 거예요. 소개가 늦었네요. 서울시와 계약해서 실제 염습, 입관, 운구, 장례식 등의 절차를 진행하고 있는 장례지도사분들입니다."

요양보호사와 장례지도사 인사를 나누던 바로 그때, 다른 고인의 가족들이 도착해 빈소 앞을 기웃거리고 있었다. 장례에 참여하러 온 가족이었다. 내가 문을 열어 주자, 그들은 빈소에 사람들이 제법 있어서 잘못 찾아온 줄 알았다고 했다. 나는 그들에게 장례 절차를 안내했다.

"오늘 장례가 어떻게 치러지는지 말씀드릴게요. 우선 제단 위에 한 분의 위패만 올라가 있는 게 아니라서 당황하셨을 것 같아요. 서울시 무연고사망자가 한 해에 800명이 넘어가서 일정을 소화하려면 어쩔 수 없이 합동 장례식으로 진행할 수밖에 없습니다. 물론 그 외의 절차는 모두 개별적으로 진행됩니다."

화장장이라는 장소뿐 아니라 공영장례는 생소할 수밖에 없다. 특히 무연고사망자 공영장례에 참여하는 사람들은 사전에 문자로 상세히 안내를 받더라도 현장에서 놀라곤 한다. 자신이 모르는 사람의 이름이 적힌 위패가 올라가 있는 것에 거부감을 가지는 이들도 있다. 말로 설명하는 것과 직접 눈으로 보는 것은 다르니까. 그래서 나는 장례가 시작되기 전에 충분히 설명하고 양해를 구한다. 그것이 내가 할 수 있는 최선이었다.

"장례가 진행되는 동안 장례지도사 한 분이 사진을 찍을 거예요. 이는 서울시에 오늘 장례를 잘 마쳤다고 보고하기 위한 자료이니, 외부에 유출될 일은 없습니다. 장례지도사분께서 선생님들의 얼굴이 나오지 않도록 촬영하실 거예요. 양해 부탁드립니다."

사진 촬영에 대해 안내하는 것은 언제나 마음이 불편하다. 고인의 가족과 지인에게는 생판 모르는 사람이 장례식을 촬영하는 것이 결코 편할 리 없기 때문이다. 물론 합동 장례식과 사진 촬영에 대해 양해를 구할 때 대부분은 괜찮다고 한다. 하지만 그때마다 '정말 괜찮아서 괜찮다고 하는 걸까?' 하는 의문이 항상 남는다.

"그럼, 장례식을 시작하겠습니다. 고인이 두 분이라 상주도 각각 맡아 주시면 좋을 것 같아요. 혹시 선생님께서 김형수 님 상주를 맡아 주시겠어요?"

내 말에 요양보호사가 고개를 끄덕이며 위패 앞에 섰다. 다른 고인의 가족에게도 동일하게 물어보자 고인의 여동생이 상주를 맡겠다고 했다. 오늘 처음 만난 두 상주는 어색한 표정으로 제단 앞에 나란히 섰고, 나는 사회를 보기 위해 제단의 왼쪽 끝에 섰다.

애도하는 게 일입니다

사람들의 시선이 두 고인의 위패를 향해 있었다. 나는 숨을 크게 들이마신 뒤 운을 뗐다.

"고인 예식을 시작하겠습니다. 먼저, 고인에 대해 소개하겠습니다. 김형수 님은……."

장례를 진행하면서 걱정스러운 부분이 있었다. 김형수 님의 참여자는 요양보호사 한 명뿐이었지만, 다른 고인에겐 여러 명의 가족이 있었다. 상주가 술을 올리고 참여자가 헌주를 하는 시간이 되었을 때에 가족이 많은 쪽에 비해 김형수 님이 쓸쓸해 보일까 걱정이 됐다. 그래서 필요하다면 나도 김형수 님에게 술을 올려야겠다 생각하고 상황을 살피고 있는데, 그때 도톨이 앞으로 나왔다. 취재를 위해 오랫동안 고인의 가족과 지인을 만나며 생긴 그 나름의 배려였다. 덕분에 장례식은 매끄럽게 진행될 수 있었다.

장례식이 막바지에 이르러 조사를 읽어야 할 시간이었다. 나는 조사가 적힌 종이를 집어 들었다.

"이제 조사를 낭독하는 시간입니다. 조사는 쓰인 그대로를 읽어 주셔도 좋고요, 혹시 고인에게 건네고 싶은 말씀이 있다면 해 주셔도 됩니다."

그러자 고인의 가족들 중 한 명이 앞으로 나와 기도를 하기 시작했다. 사는 동안 고생 많았고, 이제 하나님의 품에서 행복하라는 내용이었다. 마지막으로 그가 성호를 긋고 뒤로 물러나자 이번엔 요양보호사가 머뭇거리며 김형수 님의 위패 앞에 섰다.

"할아버지, 그동안 애쓰셨어요. 다음 생애에는 다복하게 원하던 가정 이루시고 행복하게 사세요. 손주 재롱도 보시고요. 저를 딸처럼 예뻐해 주셔서 감사했습니다. 이제는 푹 쉬세요……."

화장이 진행되는 동안 요양보호사의 곁에 있겠다고 선뜻 나서 준 도톨 덕분에, 나는 다른 고인의 가족들과 함께할 수 있었고 장례도 잘 마무리할 수 있었다. 무연고사망자의 장례에 참여하며 인터랙티브 기사를 준비하고 있던 도톨. 이제 그에게 승화원에서 만난 사람들은 더 이상 취재의 대상이 아닌 것 같았다. 요양보호사의 말을 경청하며 살갑게 위로를 건네는 그의 모습에서 일종의 책임감까지 느껴졌다. 장례식에 참여한 자들이 온전히 애도에 집중할 수 있게 도와야 한다는 책임감 말이다.

화장이 모두 끝나고 유택동산으로 내려갈 때도 도톨은 요양보호사의 곁을 지키고 있었다. 나는 그 모습을 뒤에서 바라보다가 이런 생각을 했다. 공영장례는 이별의 순간이면서, 동시에 새로운 인연이 생기는 만남의 순간이라고. 그리고 "공영

애도하는 게 일입니다

장례를 통해 공동체의 회복을 희망한다."라고 했던 한 자원활
동가의 말도 떠올랐다.

"오늘 장례 절차는 이걸로 마무리되었습니다. 고생 많으
셨습니다."

나의 말에 사람들은 서로에게 고생이 많았다고 다독이며
유택동산을 떠났다. 나는 벤치에 앉아 긴 인사를 주고받는 도
톨과 요양보호사에게 다가갔다.

"팀장님도 고생 많으셨어요. 장례를 이렇게 잘 치러 주시
니 제 마음이 너무 좋아요."

요양보호사는 장례를 치르기 전보다 한결 편안해진 표정
이었다. 나는 옅게 미소를 띤 그를 마주 보며 '추모의 집'과
'합동위령제'에 대해 안내했다.

"아닙니다. 선생님께서 와 주신 덕분에 장례를 잘 마칠 수
있었어요. 마지막으로 안내드릴 것이 있어요. 고인의 유골함
은 오늘 장례지도사분들이 무연고 추모의 집으로 모시고 갈
예정입니다. 그곳은 관계자 외에는 출입이 금지되어 있어서
따라가시는 건 어렵습니다. 추모의 집은 1년에 하루, 합동위
령제가 있는 날에 개방돼요. 참여를 원하시면 선생님 연락처
를 메모해 두고 일정이 잡히자마자 안내해 드릴게요."

요양보호사는 고민 없이 대답했다.

"어르신 모신 곳에 작은 꽃이라도 가져가고 싶어요. 날짜가 잡히면 꼭 알려 주세요."

하지만 그날의 약속은 지키지 못할 듯싶었다. 코로나19는 승화원의 모든 행사를 중단시켰다. 사람이 모이는 것만으로도 공동체의 보건이 흔들리는 초유의 사태였다.

합동위령제가 매년 가을에 진행된다는 안내를 받았던 무연고사망자의 가족, 지인들의 문의 전화가 쇄도했다. 그들에게 일일이 설명하는 것은 심정적으로 너무 어려웠다. 지금의 상황을 이해하면서도 아쉬워하는 마음은 절로 느껴졌으니까 말이다.

추모의 집에 봉안된 무연고사망자의 유골함은 반환받는 가족이 없다면 5년 뒤에 합동 매장된다. 가족이 아니라는 이유로 고인의 유골을 반환받을 수 없는 사람들에게 5년간 다섯 번 허용되는 추모의 집 개방은 너무도 소중했을 것이다. 그중 한 번의 기회를 놓친다는 것이 아쉬움으로 끝날 수 있는 일일까?

나는 매일같이 코로나19 확진자 그래프를 초조하게 바라보아야만 했다. 그렇게 확진자 수가 줄어들기만을 기다리고 있던 어느 가을날에 마침내 거리두기 해제 소식이 들려왔다. 기다렸다는 듯 바로 개방을 요청하자 승화원의 승낙이 떨어졌다. 나는 이 반가운 소식을 사람들에게 알렸고, 오랜만에 요양보호사의 목소리도 들을 수 있었다. 안 그래도 가을에 한다던 위령제 소식이 들려오지 않아 걱정하고 있었다던 그는 꼭 시간을 내어 참여하겠다고 했다.

추모의 집이 개방되는 날, 나는 장례식에서 만났던 낯익은 사람들과 다시 한번 인사를 나누었다. 사실혼 관계의 배우자, 이웃 주민, 친구, 가족, 사회복지사, 단골 식당의 주인……. 고인의 다양한 인연들은 여전히 슬퍼하면서 고인에게 짧은 인사를 나누었다. 오늘이 지나면 꼬박 1년을 기다려야 한다. 보고 싶을 때 찾아올 수 없는, 1년에 딱 하루만 개방되는 곳. 고인의 유골함 하나만 간신히 들어가는, 꽃 한 송이도 놓을 수 없는 철제 캐비닛의 바다. 추모의 집이라는 이름이 어쩐지 부끄럽게 느껴졌다.

"그루잠! 저 왔어요."

반가운 목소리가 들렸다. 고개를 돌리자 밖에 서 있는 도톨이 보였다. 그 옆에는 요양보호사도 있었다.

"잘 지냈죠? 두 분이 함께 오셨네요?"

"추모의 집이 개방된다는 얘기를 듣고 선생님이 생각났어요. 여기가 대중교통으로 찾아오기 쉬운 곳은 아니더라고요.

그래서 선생님한테 연락드렸어요. 그리고 혼자보다는 함께 오는 게 더 좋잖아요."

"이 학생 덕분에 헤매지 않고 쉽게 찾아왔어요. 고마워요, 정말……."

도톨은 여전히 살갑게 요양보호사를 챙기고 있었다. 그의 손에는 버스를 기다리는 동안 요양보호사가 사 준 꿀물이 들려 있었다.

"아! 지금 안에 계신 분들이 나오시네요. 저랑 같이 들어가요. 김형수 님 뵈러 가야죠."

그동안 어떻게 지냈는지 서로의 안부를 묻다 보니 차례가 금방 돌아왔다. 나는 요양보호사와 도톨을 김형수 님의 유골함 앞으로 안내했다. 요양보호사는 많은 감정이 담긴 눈으로 유골함을 바라보았다. 지금부터는 온전히 그들만의 시간이다. 나는 사람들의 시선 밖으로 잠시 벗어나 있었다. 그런 내 등 뒤로 요양보호사의 울먹이는 목소리가 어슴푸레하게 들렸다.

"할아버지…… 저 왔어요. 내년에 또 올게요."

요양보호사의 안부를 다시 들은 것은 그로부터 수개월 뒤였다. 사무실에 출근한 나는 평소처럼 자리에 앉아 업무를 보고 있었다. 공유할 사항이 있어 모퉁이를 찾았는데, 그는 오전부터 걸려 온 상담 전화로 정신이 없어 보였다. 나는 통화가 끝나기를 기다렸다가 잠시 후에 모퉁이에게 다가갔다. 그때 모퉁이가 "김형수 님을 기억해요?" 하고 물었다.

고인의 이름만으로는 바로 기억나지 않아 핸드폰으로 자료를 찾아보려는데, 모퉁이가 다시 말을 이었다.

"요양보호사분이 참여했던 장례 말이에요. 추모의 집이 개방될 때도 오셨고요."

"아! 기억나죠. 도톨이 함께했던 장례잖아요."

기억난다는 나의 대답을 듣자마자 모퉁이가 말했다.

"그분이 어제 전화 주셨어요. 김형수 님 기일이라 추모의 집에 가고 있는데 길이 어려워서 도저히 못 찾겠다고요."

"지금은 안으로 들어가실 수 없을 텐데……."

혹여나 실망한 채 발을 돌렸을까 봐 걱정이 되어 나는 말끝을 흐렸다.

"그래서 제가 그것부터 설명했는데 이미 알고 계시더라고요. 추모의 집 안에 못 들어가도 기일은 챙기고 싶어서 찾아가셨대요. 어쨌든 거기가 버스 정류장에 내려서도 한참을 걸어야 하잖아요? 저도 말로는 길을 설명하기 어려워서 당황스럽더라고요."

결국 모퉁이가 지도를 켜고 전화로 설명을 했고 요양보호사가 통화를 하면서 추모의 집에 찾아갔다고 한다. 요양보호사는 고맙다는 말과 함께 앞으로 3년간은 어르신의 기일을 챙기고 싶다고 했다.

"제가 열 남매 중에 맏딸이라 부모님 사랑을 많이 못 받았어요. 그런 저를 어르신은 아기처럼 예뻐해 주셨고요."

장례식이 끝났다고 해서 애도가 끝나는 것이 아니다. 우리는 그 이후에도 문득문득 고인의 빈자리를 느낀다. 모퉁이의 이야기를 듣고 할머니의 부재를 온전히 받아들이기 위해 나에게 필요했던 시간들이 생각났다. 나는 여전히 할머니가 보고 싶다. 그리고 아직도 내게는 그 시간이 필요하다.

무연고사망자의 가족과 지인이라고 다르지 않다. 하지만 그들의 애도는 종종 남들과는 다른 장애물을 만난다. 추모의 집이 그 대표적인 예다. 그들은 고인이 보고 싶을 때 언제든 찾아갈 수 없다. 1년에 단 하루, 두어 시간 남짓만 허락된다. 고인의 유골함 앞에 작은 꽃다발을 둘 수도 없고, 무엇보다 유골함의 거취를 본인이 결정할 수도 없다.

요양보호사는 추모의 집 안으로 들어가지 못해도 괜찮다고, 바깥에서 어르신을 추모하겠다고 말했다. 하지만 괜찮을리 없다. 아쉽지 않을 리가 없다. 단지 선택지가 없어서 괜찮다고 했을 뿐이다.

　무연고사망자를 애도하는 일은 이렇게 어렵다.

무결한 삶은 없다

비가 추적추적 내리고 나무숲을 통과한 바람이 음울한 소리를 내던 날이었다. 나는 승화원 입구에 서서 생각했다.

'지금 조심스럽게 들고 있는 위패에 적힌 이름은 생전에 어떻게 불렸을까? 사람들은 어떤 마음으로 고인의 이름을 부르는 걸까?'

반가움, 애틋함, 안타까움, 걱정, 연민, 동정, 사랑이 떠올랐다. 이런 마음 말고는 차마 생각하기 어려웠다. 그래서 방법을 바꿔 보았다.

'내가 살아가는 동안 사람들은 어떤 마음으로 내 이름을 부를까?'

애도하는 게 일입니다

시작은 비슷했다. 반가움, 애틋함, 안타까움, 걱정, 연민, 동정, 사랑…… 하지만 끝은 달랐다. 불쾌, 미움, 분노, 증오, 혐오, 원망, 공포…….

한번 시작된 생각은 부정적인 감정에서 꼬리에 꼬리를 물었다. 나는 아주 가끔 선한 선택을 했고, 살아온 대부분은 그렇지 못했다. 나의 부고가 생전에 나를 알았던 사람들 모두에게 애도의 신호로 작용할까? 자신이 없었다. 적지 않은 사람들이 내 죽음에 슬퍼하겠지만, 마찬가지로 적지 않은 사람이 내 죽음을 기뻐하거나 부고마저 불쾌하게 느낄 것이다.

종종 부고를 알리는 것을 주저하게 되는 건 그런 이유 때문이었던 것 같다. 우리는 서로에게 비수를 꽂으며 살아간다. 적어도 내가 아는 한, 상처를 주고받지 않는 사람은 없다. 때로 존재, 혹은 존재의 부재를 드러내는 것만으로도 누군가가 상처를 받기도 하니까. 애도받을 자격은 모두에게 있지만, 모두가 애도받을 수 있는 것은 아니다.

"김 팀장! 뭘 멍하니 서 있어! 이제 우리 차례야."

장례지도사의 말에 나는 복잡한 생각을 정리했다. 장례에 참여한 사별자가 없었다. 이 순간 애도는 나의 몫이다. 그리고 카트에 놓인 관을 물끄러미 바라보다가 뒤돌아 걸으며 생각했다.

'고인의 이름이 불릴 때 어떤 마음이 담겨 있든, 내 일은 애도하는 것이다.'

그날 장례를 치르고 밖으로 나서려는데 핸드폰이 울렸다. 나는 전화를 받았다. 상대방의 목소리는 격앙되어 있었고, 술에 취한 듯 말이 어눌했다. 사정없이 꼬이는 발음과 주변 소음 때문에 무슨 말을 하는지 알아듣기가 어려웠다. 2분가량 씨름하고서야 상대방이 누구이고, 어떤 이유로 전화했는지 알 수 있었다.

"그러니까, 오늘 장례를 치른 고인의 친구분인 거죠?"

"네, 맞습니다."

그는 아이처럼 흐느끼고 있었다. 나는 말을 아낀 채 그가 다시 입을 열 때까지 기다렸다. 뭐라 위로해야 할지 모를 땐 그냥 침묵하는 것이 최선이다.

잠시 후 그가 훌쩍이며 말을 이었다.

"제 친구 유골은 어떻게 됐습니까?"

"무연고 추모의 집에 봉안되었어요. 앞으로 5년간 그곳에 모셔질 예정입니다."

나는 무연고 추모의 집은 합동 위령제가 열리는 하루만 개방된다는 말도 덧붙였다. 그러자 그가 다시 흐느끼기 시작했다. 그는 울음 섞인 목소리로 고인에 대해 이야기했다.

"그 새끼가요, 저랑 수십 년을 친구로 살았거든요? 집도 절도 없는 놈을 가게에 데려다 일도 시키고, 근처에 월세방도 구해다 줬어요. 글도 몰라서 제가 연애편지도 대신 써 주고 그랬습니다. 걔도 저한테 그만큼 잘했고요. 그런데 씨발……."

감정이 격해졌는지 그는 욕설을 내뱉기도 했다.

무연고사망자의 사별자가 자신의 생각과 감정을 누군가에게 털어놓는 것은 쉽지 않은 일이다. 하지만 나눔과나눔의 경우는 조금 다르다. 공영장례 상담센터라는 이름이 그들의 마음속에 있는 장벽을 조금 낮춰 주는 것 같다. 나는 가끔 이런 전화를 받는다. 그럴 때면 구태여 말을 얹지 않고 가끔 탄식으로 공감해 주기만 한다. 그것이 내 업무 중 하나다.

잠시 뒤 그가 말을 이어 나갔다.

"그 미친놈이 가게 일로 혼자 사는 여자 집에 배달을 갔다가 그 여자 가슴을 칼로 찔렀어요."

이야기는 꽤 충격적이었다. 대부분은 노름으로 재산을 탕진하거나 사업을 말아먹었다는 내용이 클리셰처럼 뒤따르는데, 내 예상을 뒤엎는 이야기 전개에 그만 공감의 탄식을 잊고 말았다.

"아마 칼 들고 뭔 짓을 하려고 했겠죠. 그러다 수틀리니 여자를 칼로 찌른 것이고요. 다행히도 여자는 살았는데, 그 자식은 도망가다 붙잡혔어요. 그 뒤로 교도소에 들어가서 5년을 살았습니다. 걔가 교도소에 가 있는 동안 제가 매달 영치금을 넣어 줬어요. 어쩌겠습니까? 가족이고 뭐고 없는데 저라도 챙겨야죠. 잘못을 저질렀어도 어쨌든 제 친구잖아요. 제가 기러기 아빠로 일하고 있을 때, 걔가 제 생일날 점심시간에 맞춰 직장에 찾아온 적도 있어요. 제 아내랑 자식을 데리고서요. 그날 친구가 직접 닭도 튀기고 김밥도 싸 가지고 왔더라고요. 그 후로 수십 년이 지났는데 아직도 그 맛을 잊지 못해요."

그의 말은 어느새 넋두리에 가까워졌다. 통화를 시작한 지 20분이 넘었지만 이야기는 끝날 기미가 보이지 않았다. 나는 들고 있던 짐을 바닥에 내려놓고 지하철 벽에 등을 기댄 채 상대방의 목소리에 귀를 기울였다.

"병원에 찾아갔었어요. 마지막 얼굴이라도 보고 싶어서요. 그런데 직계 가족이 아니면 보여 줄 수 없다는 거예요. 일도 구해 주고, 집도 구해 주고, 영치금도 넣어 가면서 친구를 돌봤는데 죽으면 얼굴도 못 본대요. 걔 얼굴 못 본 게 너무 한이 됩니다."

쉬지 않고 말을 쏟아 내서인지 목소리에 힘이 없었다. 그

애도하는 게 일입니다

러면서도 그는 장례식에 오지 못한 이유를 설명했다.

"오늘이 제 자식 생일입니다. 이런 날 무연고로 죽은 범죄자 친구 장례에 어떻게 가겠습니까. 가족들한테 그 자식 죽은 건 얘기도 안 했어요. 좋은 소리 나올 게 없잖아요. 오늘 친구가 화장되는 동안 저는 가족들이랑 외식했습니다. 근데 집에 돌아와서 식탁에 앉아 있는데 가슴이 답답해서 미칠 것 같은 거예요. 그래서 소주 한 병을 통째로 들이켰습니다. 하필이면 첫째 생일에 가요, 걔가. 첫째 생일에 가요……."

그 후로도 나는 한참 동안 "첫째 생일에 가요, 걔가."라고 반복되는 중얼거림을 들었다. 잠잠해질 때까지 기다리고 있는데 그가 말했다.

"미안합니다. 제가 엄한 사람 붙들고 한참 말했네요."

괜찮다고 대답하자, 그는 머뭇거리며 무언가 더 이야기하려다가 이내 전화를 끊었다.

나는 한바탕 휘몰아친 이야기들을 삼키느라 멍하니 서서 시간을 보냈다. 고인에 대해 몰랐을 때는 그를 애도하는 것에 걸리는 게 없었다. 하지만 고인이 어떤 사람이었는지 조금이나마 알게 되자 애도하던 마음에 갑자기 제동이 걸렸다.

평범한 사람일 것이라 생각했다. 중장년의 무연고사망자들이 그렇듯, IMF로 인해 경제적으로 무너진 뒤 재기하지 못했거나 노름에 빠져 가족들과 소원해진 사람일 것이라 생각했다. 하지만 범죄자라니…….

얼마 전 사무실에서 동료들과 나눴던 대화가 떠올랐다. 그날 모퉁이가 물었다.

"만약 극악무도한 범죄자의 공영장례의뢰 공문이 접수된다면, 우리는 그 사람의 장례를 치를 건가요?"

나는 길게 고민하지 않고 "하겠다."라고 대답했다. 나눔과 나눔은 애도의 권리가 인권의 영역에 속해 있다고 여기기 때문이다. 인간이라면 누구에게나 부여되는 권리에 차등이 생겨선 안 되고, 권리를 보장해 주지 않아도 되는 '예외의 존재'를 상정하기 시작하면 그 화살은 결국 약자를 향하고 만다. 배제의 대상은 약자와 소수자에게 가장 먼저 마수를 뻗기 마련이니까. 우리는 그 사실이 인류의 역사 속에서 지난하게 되풀이되는 모습을 보아 왔다. 그러니 극악무도한 범죄자에게도 공영장례는 제공되어야 한다고, 나 역시 그렇게 생각했다.

물론 그때의 생각은 지금도 여전히 변함이 없다. 하지만 실제 상황을 맞닥뜨리니 순간 마음이 갈피를 잃어버렸다.

'만약 고인을 위해 기도했던 천주교 연령회 사람들이 이 사실을 안다면 어떤 반응을 보일까? 혹 장례를 치르기 전에 이 사실을 알았다면 나는 어땠을까?'

애도하는 게 일입니다

고인의 삶에 안타까운 부분이 있긴 하지만, 그렇다고 해서 그가 저지른 일이 정당화될 순 없다. 나는 고인이 범죄자였다는 사실만으로 깊은 생각에 빠져 있었다.

세상에 무결한 사람은 없다. 어떤 사람들은 상식의 범위에서 이해되지 않는 끔찍한 짓을 저지르기도 한다. 자신의 삶은 물론, 타인의 삶까지 망가뜨리기도 한다.

나는 아주 가끔 그런 사람들의 장례를 치렀다. 인신매매범과 가정폭력범, 성범죄자의 장례를 치렀다. 그들의 위패 앞에서 묵념하고 애도했다. 누군가 그 애도가 진심이었느냐고 묻는다면, 나는 진심으로 애도하기 위해 노력했다고 대답할 것이다. 솔직히 그렇게 하기가 너무 어려웠다. 그래서 끊임없이 마음속으로 변명해야 했다.

'애도받을 권리는 인권이고, 여기에 차등이 있어선 안 된다. 고인을 애도하는 것은 결코 그의 과거를 옹호하거나 용서해서가 아니다.'

무연고사망자의 장례를 바라보는 사람들의 시선에는 여러 감정이 묻어 있다. 드물게 자신의 미래를 투영하며 안심하고 만족스러워 하는 사람도 있지만, 대체로는 연민이나 동정, 안타까움 등이 주를 이룬다. 장례를 치러 줄 가족이 없다는 이유로 이름 앞에 '무연고'라는 단서가 붙을 때, 고인은 쉽게 타자화된다. 빈곤하고 외로운, 그래서 불쌍한 사람이 되는 것이다.

타자화는 대부분 무지에서 비롯된다. 우리는 고인의 삶을 모른다. 장례식에 꽤 많은 사람들이 찾아오지만, 그들이 늘 고인에 대한 이야기를 하는 것은 아니다. 그러니 고인의 삶은 미지의 영역이다.

사별자의 증언이 없다면 의지할 것은 공문뿐이다. 하지만 장례의뢰 공문은 죽음의 현장을 텍스트로 재현하거나 차가운 사실관계만 나열할 뿐, 고인의 삶을 언급하지는 않는다. 다만 인과관계를 통해 추측만 가능할 뿐이다.

'만약 고인의 삶에 대해 조금만 더 알 수 있다면, 그럼 우리의 시선이 달라지게 될까? 그가 어떤 삶을 살았고 어떤 생각을 했는지 알 수 있다면 애도는 더 수월해질까? 그렇다면 성급히 타자화하는 일이 없어질까?'

나는 외부에서 강의를 할 때 마지막으로 이 주제를 꺼낸다.

'만약 극악무도한 범죄자의 공영장례의뢰 공문이 접수된다면, 우리는 그 사람의 장례를 치러야 할까?'

그럴 때 사람들의 의견은 제각각이다. 장례를 해야 한다는 사람도 있고, 하지 말아야 한다는 사람도 있고, 자신은 차

애도하는 게 일입니다

마 할 수 없을 것 같다고 말하는 사람도 있다.

이 책에 언급된 고인들 중 무결한 사람은 없다. 어떤 사람은 범죄자였을 수도 있다. 심지어 극악무도한 범죄자였을 수도 있다. 그렇지만 나는 그들 모두에게 애도받을 권리가 있다고 생각한다.

우리는 고인이 어떤 사람이었는지 모른다. 그럼에도 불구하고 애도받을 권리가 있다는 나의 말에 동의하는 사람이 몇이나 있을까? 이 질문은 이 책을 읽는 사람들의 몫으로 남기려고 한다.

마지막을 기다리는 사람들

오전 9시 30분. 이플이 빈소에 도착했다.

사람들이 내게 자주 하는 질문이 있다.

"이 일을 하게 된 이유가 뭐죠? 보람을 느낄 때는 언제인 가요?"

특별한 이유나 사명감이 있을 것이라는 기대를 갖고 하는 질문이라 어쩐지 답하기 곤란하다. 그럼에도 솔직하게 이야 기할 수밖에 없다.

나는 음악을 그만두고 꼬박꼬박 월급을 받는 직장인이 되고 싶었다. 납득할 만한 금액을 준다면 그게 무슨 일이든 상 관없었다. 그렇게 일자리를 찾아보던 중 구인구직 사이트에 서 나눔과나눔을 처음 알게 되었고, 면접을 거쳐 채용되었다.

이 책을 쭉 읽은 사람들은 알겠지만, 내 삶에 별다른 사건 따위는 존재하지 않는다. 나에게는 투철한 사명감도, 이 일을 하는 특별한 이유도 없다. 여느 직장인과 다를 바 없이, 가장 보람을 느끼는 순간은 월급을 받을 때다.

9시 50분. 이플이 장례에 참여한 사람들에게 일정을 안내한다. 오늘은 고인의 가족이 찾아왔다.

그래도 남들과 다른 것을 굳이 꼽아 보자면, 내가 일하고 있는 직장이 자기소멸을 위해 달려가는 곳이라는 것 정도다.

10시. 장례가 시작되었다.

나눔과나눔은 시민들과 30년의 약속을 했다. 지금 하고 있는 역할들을 조금씩 공공으로 이관하고, 제도를 바꾸어 나가기로. 그러다 보면 단체가 필요 없어지는 날도 언젠가 올 것이다. 나눔과나눔은 시작부터 자기소멸을 위해 걸어가리라 선언했다. 이제 10년을 넘겼으니 앞으로 20년이 남았다.

10시 30분. 사람들은 화로봉송을 기다리고 있다.

더 이상 단체가 필요 없어져서 문을 닫는 순간이 왔을 때, 그때도 내가 이곳에 있을까? 그렇진 않을 것 같다. 앞으로 몇 년 정도는 더 일하겠지만 아마 10년을 채우지는 못할 것이다.

내게 투철한 사명감은 없지만 일을 시작할 때 스스로 세운 몇 가지 직업윤리가 있다. 그중 첫 번째가 '진심으로 애도하지 못할 때 일을 그만두는 것'이다. 사람은 적응의 동물이고, 반복되는 상황은 감각을 무뎌지게 만든다. 언젠가 '진심으로 애도하지 못하는 때'가 올 것이다. 애도의 마음 없이 관성적으로 장례를 지원하게 되는 날이 온다면 당시의 내 상황이 어떻든 일을 그만둘 생각이다.

11시. 고인을 위해 종교봉사자가 종교 행사를 진행하고 있다. 오늘은 목사님이 찾아와 기도하는 날이다.

설령 그런 날이 오지 않더라도 언젠가 나는 이 일을 그만두게 될 것 같다. 직업윤리 중 '개인이 단체를 대표하지 않는다.'라는 항목도 있으니까. 나눔과나눔은 네 명뿐인 조직이다. 이런 작은 조직일수록 오래 일한 사람의 생각과 발언이 단체의 방향을 결정하기 쉬워진다.

사람과 아이디어가 고이는 것은 치명적인 일이다. 한 사

애도하는 게 일입니다

람이 조직에 오래 남아 단체 안에서 힘을 가지게 되는 것은 바람직하지 않다. 고였다는 생각이 들었을 때 떠나고 싶다.

11시 20분. 이플은 가족들의 이야기를 듣고 있다.

떠난다는 말이 나눔과나눔과의 인연을 끊겠다는 뜻은 아니다. 더는 진심으로 애도하지 못해 일을 그만두더라도 나눔과나눔의 목표와 지향에는 동의할 수 있다.

'누구에게나 애도할 권리가 있고, 애도받을 권리가 있다.'

나는 이 단체가 관철하고자 하는 메시지에 깊이 동의한다. 그건 시간이 흘러도 쉬이 변하지 않을 것이다.

직접 일하지 않더라도 동의하고 공감하는 방법에는 여러 가지가 있을 것이다. 자원활동가의 신분으로 장례에 참여할 수도 있고, 후원을 시작할 수도 있다. 그게 어렵다면 종종 홈페이지에 들어가 소식을 확인하면 된다. 제도를 바꾸는 가장 큰 동력은 관심이다. 관심 안에 나눔과나눔을 두는 것만으로도 충분할 것이다.

11시 40분. 제단 위의 제물을 정리하고 있다. 이플은 장례를 마친 뒤 제물을 건네기 위해 쪽방에 방문할 예정이다.

처음 일을 시작했던 2020년과 지금을 비교해 보면 정말 많은 것이 바뀌었다. 불완전한 방식이지만 가족이 아니어도 장례를 치를 수 있는 방법이 생겼고, 법조문과 조례도 변경되었다. 불가능해 보였던 것들이 조금씩 가능해지고 있다. 사람들의 관심이 높아진 덕분이다.

모든 역할을 다 하고 약속의 날에 이르러 마지막으로 사무실의 불을 끄는 상상을 해 본다. 두 번 다시 전원이 들어올 일이 없을 사무실의 컴퓨터와 문서 파쇄기, 텅 비어 버릴 서류 바인더와 더는 울리지 않을 전화기를 상상한다.

그 순간을 상상하는 일은 하루를 버티는 힘이 된다. 훗날 나눔과나눔을 먼저 떠나게 되더라도 그 사실은 변함없을 것이다. 아이러니하게도 소명을 다한 단체의 마지막을 상상하는 것이 지친 삶의 위로가 된다. 나뿐 아니라 지금 함께 일하고 있는 이플도, 모통이도, 사이도 모두 같은 마음일 것이다.

나는 잠시 의자에 기대 눈을 감고 사무실의 불을 끄는 상상을 한다.

12시. 이플은 제물을 챙겨 들고, 빈소의 불을 끈다.

애도하는 게 일입니다